D1807875

PiXEL

Méthode de français ....

2

Livre de l'élève

Sylvie **Schmitt**

CLE
INTERNATIONAL
www.cle-inter.com

Tous droits réservés. Toute reproduction, intégrale ou partielle, de ce livre, traitement informatique, diffusion sous quelque forme ou procédé que ce soit, (électronique, mécanique, photocopie et autres méthodes) sont interdites, sauf consentement du titulaire du copyright.

Édition : Pierre Carpentier, Brigitte Faucard
Couverture : Fernando San Martín
Conception graphique : Miz'enpage
Mise en page : Emma Navarro
Illustrations : Lucas Orueta / Adriana Canizo
Recherche iconographique : Nathalie Lasserre
Cartographie : Fernando San Martín
Enregistrements : Vincent Bund
Vidéo : BAZ

© CLE International / SEJER, 2011
ISBN : 978-209-038761-2

Pixel, mode d'emploi ❯

Pour vous repérer dans le livre

 Activité de compréhension orale

 Activité de compréhension écrite

 Activité d'expression orale

 Activité d'expression écrite

 Activité d'interaction orale

 Remarques et astuces

Pour comprendre et apprendre

 Comment ça marche ?   Grammaire et conjugaison

 Des mots pour...   Mots et expressions utiles

Pour aller plus loin

Ce point est développé dans les annexes à la page indiquée

Ce point est développé sur le site internet compagnon

Une séquence vidéo est disponible sur la version numérique et sur le DVD-ROM du livre de l'élève

 Le disque inclus dans ce livre est un DVD-ROM qui contient des ressources audio et vidéo. Vous pouvez l'utiliser :

Sur votre ordinateur (PC ou Mac)
- Pour visualiser la vidéo
- Pour écouter l'audio
- Pour extraire l'audio et le charger sur votre lecteur mp3
  ou pour en graver un CD mp3 ou un CD audio à votre usage strictement personnel

Sur votre lecteur DVD de salon ou portable, compatible DVD-ROM
- Pour visualiser la vidéo
- Pour écouter l'audio (les pistes apparaissent sur l'écran)

Contenus

Thème-lexique	Objectifs de communication	Civilisation
• Les vêtements, les couleurs et les formes • Les matières scolaires • Les nombres de 1 à 100 • Le corps humain • La famille	• Se présenter et présenter quelqu'un • Décrire une personne • Donner son emploi du temps • Parler de ses loisirs • Situer dans l'espace • Parler du climat • Poser des questions	
• L'heure • Les activités, les loisirs, les sports • La volonté, l'obligation, la possibilité	• Parler de ses activités • Exprimer une autorisation ou une interdiction • Proposer une activité ou inviter • Accepter / refuser une invitation • Donner son emploi du temps • Répondre à une question négative • Donner son opinion	• Les loisirs des ados en France
• Les vêtements et les styles vestimentaires • Les couleurs et les motifs • La quantité	• Décrire une tenue vestimentaire • Donner une appréciation sur un vêtement • Acheter un vêtement • Donner des conseils • Exprimer la possession	• Les adolescents français et les « fringues »
• La maison • Le mobilier • Les matières • Les tâches ménagères	• Décrire sa chambre et les pièces de la maison • Localiser des objets • Raconter une journée passée • Parler de ses tâches quotidiennes	• Les adolescents et leur chambre
• Les cadeaux • Les nombres de 100 à 1 000 000 • L'argent • Le fonctionnement des objets • Les mots de politesse	• Comparer et commenter les prix • Demander des renseignements • Expliquer la fonction d'un objet • Raconter des faits passés	• L'argent de poche et la débrouille
• La nourriture, les repas • Les commerces • Les goûts et les saveurs • Les restaurants • Les quantités	• Faire les courses • Exprimer le besoin / la nécessité • Commander un repas • Comprendre une recette de cuisine • Parler de la nourriture	• Savoir-vivre en Francophonie
• Les faits divers • Les marqueurs chronologiques • La police	• Expliquer une procédure • Exprimer une chronologie d'événements • Donner des indications • Raconter un fait divers	• Travailler dans la police scientifique en France

Communiquons en français

Se présenter

1) Complète les bulles.

(...) Océane.

Bonjour, comment (...) ?

Tu as (...) ?

J'ai 13 ans !

Présenter quelqu'un

2) Présente-toi et présente un(e) camarade.

3) Présente ces artistes célèbres.

Agatha Ruiz
de la Prada
Madrid

Cécile de France
Bruxelles

Justin Bieber
New York

C'est + nom
C'est Justin Bieber.

Il est + adjectif
Il est musicien.

C'est + article + nom
C'est un garçon.
Il est brun.

Décrire des personnes

4) Écoute et trouve Louise, Lucie et Jules.

5) Décris ces personnes (taille, cheveux, yeux, vêtements...).

Donner son emploi du temps

 6 › Relie les matières aux logos.

2.

3.

4.

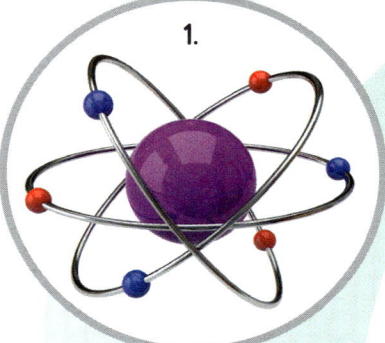
1.

a. le français

b. l'anglais

c. les mathématiques / maths

d. l'histoire-géographie / histoire-géo

e. les Sciences de la Vie et de la Terre / SVT

f. l'Éducation Physique et Sportive / EPS

g. la physique-chimie

h. les arts plastiques

i. la musique

5.

6.

7.

9.

8.

 7 › Tu as combien d'heures de français, maths, etc. ?

Compter

 8 ❯ Écoute et compte jusqu'à 100.

 9 ❯ Écoute et écris les numéros de téléphone.

Parler de ses loisirs

10 ❯ Qu'est-ce qu'ils font ?

a.

b.

c.

faire **de la** guitare
du tennis
des claquettes

Parler du corps

 11 ❯ Écoute cette leçon de gymnastique et mets
les images dans l'ordre.

c.

a.

b.

d.

12 › Il a mal où ?

 avoir mal au / à la / aux...

J'ai mal **au** ventre.
aux yeux.
à la jambe.

Localiser

 13 › Qu'est-ce qu'il y a dans la première rue ? Qu'est-ce qu'il n'y a pas dans la deuxième rue ?

 Il y a **une** boulangerie.
Il **n'**y a **pas de** boulangerie.

a.

b.

 14 › Où sont les affaires d'école de Louis ?

15 › Écoute les indications et trouve où est la bibliothèque.

Présenter sa famille

 16 › Écoute et trouve la sœur, le père et la mère de Véronica.

 17 › Présente ta famille.

> **Les adjectifs possessifs**
>
> masculin singulier :
> **mon* / ton / son**
> féminin singulier :
> **ma / ta / sa**
> masculin et féminin pluriel :
> **mes / tes / ses**
>
> * mon : **mon a**mie / **mon é**cole

Parler du climat

Poser des questions

 18 › Écoute et relie les cartes aux prévisions météo.

 19 › Tu ne connais pas ce garçon et cette fille. Pose des questions sur eux.

a.
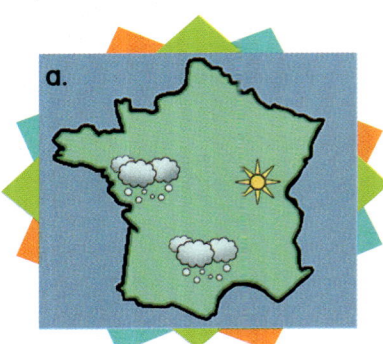

b.
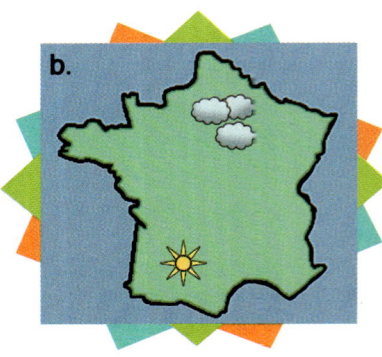

> Qui... ?
> Où... ?
> Combien... ?
> Comment... ?
> Pourquoi... ?
> Est-ce que... ?
> Qu'est-ce que... ?
> Quel(s) / Quelle(s)... ?

Unité 1
Passe-temps

Leçon 1 › Activités en tous genres…

Propositions…

1 › Lis les annonces du tableau d'affichage et réponds aux questions.

A. Tu aimes les BD et dessiner ?
Apprends à réaliser une BD.

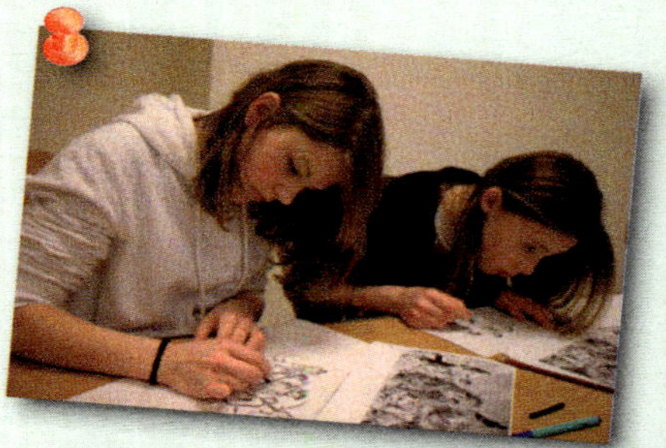

B. Tu joues d'un instrument ?
L'Association *Musique en fête* t'invite. Ambiance et bonne musique assurées !!!

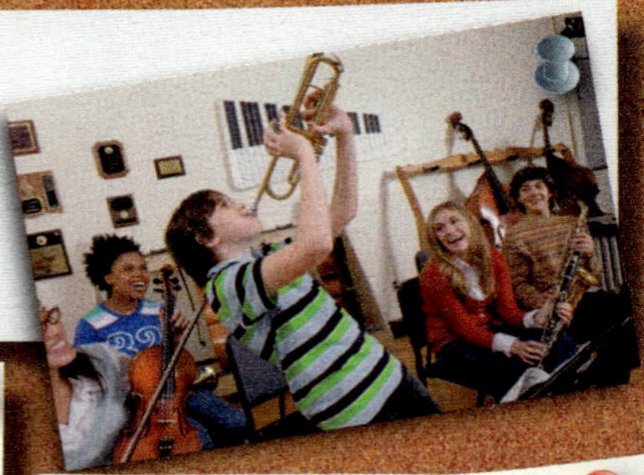

C. Atelier d'artisanat
Fabrique des bijoux assortis à tes vêtements ! Apprends les techniques !

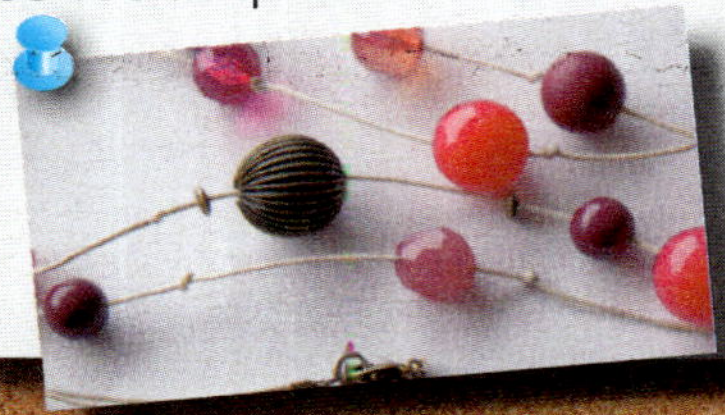

D. Tu aimes les chevaux et la nature ?
Viens faire de la randonnée à cheval, rigolade et aventure au programme !

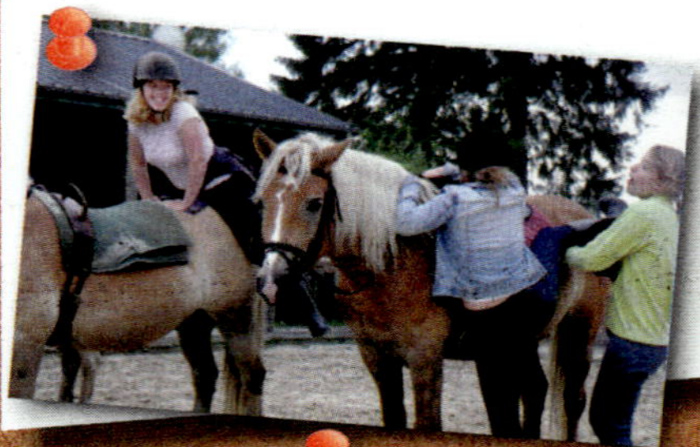

E. Atelier théâtre
Fais du théâtre !
Rejoins la troupe !
Complicité et créativité garanties !

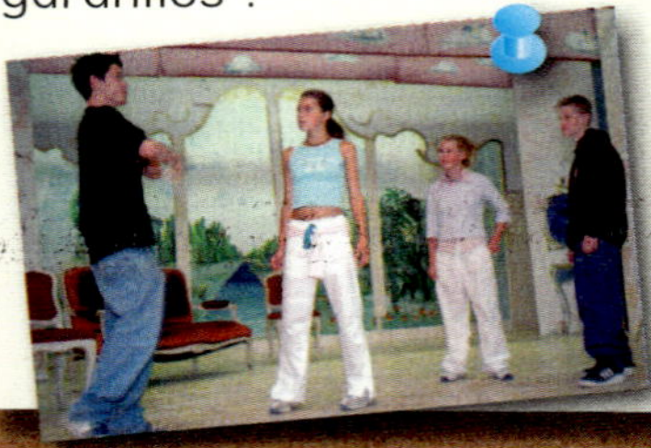

F. Tu collectionnes les Warhammer ?
N'attends pas ! Viens échanger avec d'autres joueurs !

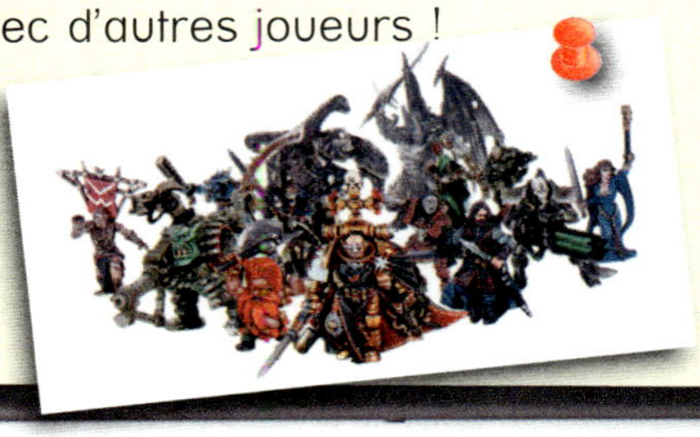

G. Atelier cinéma d'animation
Réalise ton premier film d'animation !

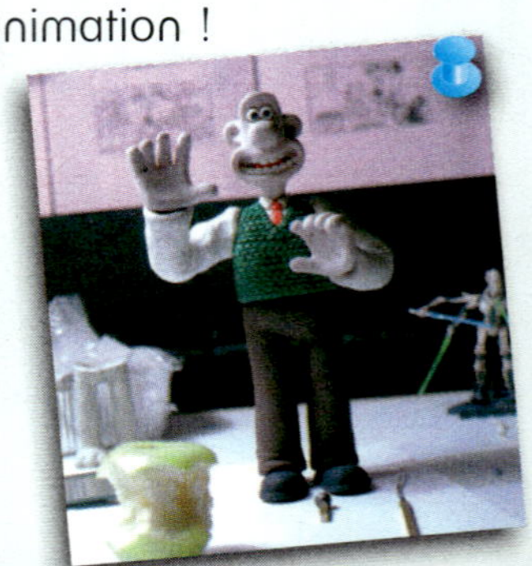

H. Karting
Passionné(e) de sports automobiles ?
Apprends à piloter un kart.

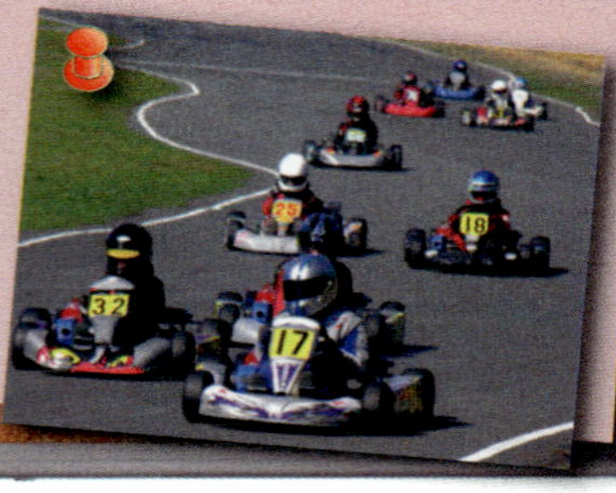

a. Quelles propositions t'intéressent ? Pourquoi ?

L'atelier d'artisanat	m'intéresse, parce que	+ ↑ j'adore j'aime beaucoup j'aime assez j'aime bien –	les bijoux et les travaux manuels.

b. Quelles propositions ne t'intéressent pas ? Pourquoi ?

Le karting	**ne** m'intéresse **pas**, parce que	+ je déteste je n'aime pas du tout je n'aime pas beaucoup −	les sports automobiles.

Partage tes activités

 2 ❱ Écoute. Ils font quelle(s) activité(s) ?

la natation ⌀

les échecs ℬ

la danse ℯ

le taekwondo ℯ

la peinture ℬ

le rugby ℭ

Des mots pour...

Parler de ses activités

FAIRE	
Je fais Tu fais Il/Elle/On fait Nous faisons Vous faites Ils/Elles font	**du** judo. **de la** natation. **de l'**escrime. **des** travaux manuels.

JOUER	
Je joue Tu joues Il/Elle/On joue Nous jouons Vous jouez Ils/Elles jouent	**au** football. **à la** playstation. **à l'**élastique. **aux** échecs.

 3 ❱ Et toi, tu fais quoi ? Tu joues à quoi ?

 4 ❱ Observe les verbes dans les annonces de l'activité 1 et réponds aux questions.

a. Ils sont à quel temps ?
b. Trouve l'impératif des verbes : *apprendre*, *faire*, *fabriquer*, *rejoindre*, *attendre* et *venir*.
c. Quel verbe à l'impératif est à la forme négative ?

Comment ça marche ?

L'impératif (rappel)		L'impératif négatif
Présent	*Impératif*	**ne/n'** + verbe à l'impératif + **pas**
Tu parl**es**	Parl**e** !	
Tu vien**s**	Vien**s** !	**N'attends pas** !
Tu v**as**	V**a** !	
Nous all**ons**	All**ons** !	
Vous all**ez**	All**ez**	

Annexe page 75

 5 ❱ Dans ton cahier, mets les verbes de l'activité 4. b. à l'impératif (3 personnes) puis à l'impératif négatif.

 6 ❱ Écris une annonce pour le panneau d'affichage.

 Pour proposer ou inviter :
Viens* / *Venez + infinitif

Tutu ou rollers ?

 1 ❯ Écoute, lis le dialogue, puis réponds aux questions.

a. Pourquoi Lucie s'énerve ?   **b.** Quelle est la punition de Charles ?   **c.** Cette punition est juste ? Pourquoi ?

Lucie : Ahhh ! Non mais ça ne va pas la tête ?

Charles : Si ça va ! Mais je **dois** m'entraîner. Je **veux** devenir le champion de roller du quartier.

Lucie : Tu **sais**, maman ne **veut** pas voir tes patins dans la maison. Tu ne **peux** pas patiner ici ! Et puis c'est énervant… Alors, s'il te plaît, ARRÊTE !

Charles : On **peut** savoir pourquoi on **doit** supporter ta passion pour la danse ?

Lucie : Je **peux** danser dans ma chambre. Maman est d'accord.

Charles : Et tes posters ? Elle est d'accord aussi ?

Lucie : Oui, maman **veut** bien. Regarde mon nouveau poster de *High School Musical* !

[…]

Lucie : Non… Tu ne **peux** pas faire ça… Arrête !

[…]

Lucie : Papa, regarde mon nouveau poster…

Le père : Bon, quel est le problème ?

Lucie : C'est Charles ! Il dessine des rollers sur les chaussures de Zac Efron.

Le père : Hum… Eh bien, comme punition, Charles, tu **dois** racheter le même poster avec ton argent. Et les patins dans la maison, c'est IN-TER-DIT !

 2 ❯ Cherche dans le dialogue deux expressions pour exprimer l'interdiction.

 3 ❯ Quel verbe exprime une obligation ?

Volonté, obligation, possibilité…

 4 ❯ Cherche ces verbes dans le dialogue et relie.

a. vouloir
b. devoir
c. savoir
d. pouvoir

1. une possibilité
2. une connaissance
3. une volonté
4. une obligation

 Comment ça marche ?

Les verbes en *-oir*	
Vouloir	**Devoir**
Je **veux**	Je **dois**
Tu **veux**	Tu **dois**
Il/Elle/On **veut**	Il/Elle/On **doit**
Nous voulons	Nous devons
Vous voulez	Vous devez
Ils/Elles **veulent**	Ils/Elles **doivent**
Pouvoir	**Savoir**
Je **peux**	Je **sais**
Tu **peux**	Tu **sais**
Il/Elle/On **peut**	Il/Elle/On **sait**
Nous pouvons	Nous savons
Vous pouvez	Vous savez
Ils/Elles **peuvent**	Ils/Elles **savent**

Annexe page 76

5 ▶ Observe les panneaux et écris dans ton cahier leur signification. Utilise les verbes _pouvoir_ ou _devoir_.

a. Je ne (...) pas boire l'eau du robinet.
b. Nous ne (...) pas manger dans cette salle.

c.

a.  f.
d.
b.  g.
e.

 **6 ▶ Dans ton collège, qu'est-ce qui est interdit ? Et chez toi ?**

Eh, jeune homme ! Les rollers ne sont pas autorisés dans le magasin.

INTERDIT AUX ROLLERS

On ne peut pas refuser...

 7 ▶ Lucie la Lunatique.

a. Lis ces vignettes.
b. Réponds.
1. Tu ne vas pas au collège ? (...)
2. Tu n'étudies pas le français ? (...)
3. Tu ne fais pas tes devoirs ? (...)
4. Tu ne fais pas d'activités extrascolaires ? (...)

 Réponse positive à une question à la forme négative

Oui = **Si**

 8 ▶ Pose des questions négatives à un(e) camarade. Il/Elle te répond.

DIMANCHE
Tu viens voir un film chez Raoul ?
Non merci ! Vos films sont nuls.

LE SAMEDI SUIVANT
On va chez Raoul avec Anaïs, tu ne veux pas venir ?
Non merci ! Vos films, moi, tu sais...

LE DIMANCHE SUIVANT
Je retourne chez Raoul. Tu ne veux pas venir j'imagine ?
Si, je veux venir, pourquoi ?

Un jour pas comme les autres !

 1 › Écoute, observe et réponds aux questions.

a. Relève les verbes du dialogue.

b. Qu'est-ce que tu remarques ?

– Qu'est-ce que tu fais le mercredi ?

– Je me lève tôt, à 7 heures.

Je me lave entre 7 h 10 et 7 h 30.

Je m'habille.

– Tu ne déjeunes pas ?

– Si, si…, je prends mon petit déjeuner et je pars au collège. Je commence à 8 h 30. Je finis les cours à 12 h 30.

– Et l'après-midi, qu'est-ce que tu fais ?
– Après le déjeuner, à 14 heures, j'ai mon cours de danse. Je m'amuse bien !

 2 › Dans ton cahier, conjugue les verbes et réponds aux questions.

a. – Comme tu (s'appeler) ?
– Je (…) Lucie.

b. Vous (se coucher) à quelle heure ?
– Je (…) à minuit.

c. À quelle heure nous (se lever) ?
– Nous (…) à 7 heures.

d. Ils (se coucher) tard ?
– Non, ils (…) à 22 heures.

 Comment ça marche ?

Les verbes pronominaux

Se lever

Je **me** lève
Tu **te** lèves
Il/Elle/On **se** lève
Nous **nous** levons
Vous **vous** levez
Ils/Elles **se** lèvent

 Annexe page 76

3) Dans ton cahier, écris l'emploi du temps de Charles.

 4) Pose des questions à un(e) camarade sur son emploi du temps.

Après le collège...

 5) Pose des questions à ton/ta camarade sur ses loisirs. Note ses réponses dans ton cahier.

 6) Présente les loisirs de ton/ta camarade. Tes camarades commentent, comme dans l'exemple.

Moi aussi, j'adore.

Amandine aime beaucoup les mangas.

Moi non, je n'aime pas.

Pas moi, je déteste.

Moi non plus, je n'aime pas ça.

Moi si, j'aime beaucoup le tennis.

Adrien n'aime pas les sports individuels.

On ne sait pas quoi faire !

 7) Écoute et chante.

Moi, je déteste le piano.
Et toi, le saxo.
Je déteste les échecs.
Et toi, le basket.
Le taekwondo, je n'aime pas ça !
Toi non plus... tu fais du judo !
Je n'aime pas la peinture !
Toi si...
Qu'est-ce qu'on peut faire ?
On ne sait pas quoi faire !

Les sons [ə], [e] et [ɛ]

 8) Écoute et répète. Comment fait le mouton dans ton pays ?

 9) Écoute. Dans quel ordre tu entends [ə], [e] et [ɛ] ?

jet - je - j'ai

 10) Écoute et dis dans quel ordre tu entends les mots.

fée ❶	fais ❷
me	mets
des	de
le	les
lait	le
te	tes

Civilisation ❯ Que font les adolescents français de leur temps libre ?

 1 ❯ Lis le texte puis réponds aux questions.

Le temps libre des ados parisiens

Selon une récente enquête de l'*Observatoire des familles parisiennes*, le temps libre des adolescents se répartit entre la chambre, les amis, les sorties et les loisirs, l'école et les devoirs. Les ados parlent aussi de l'indisponibilité des parents.

CULTURE DE L'ÉCRAN

Les adolescents consacrent en moyenne :

- presque une heure par jour à la télévision pour les 13-15 ans.
- 1 heure 27 par jour à Internet.

Pour les ados, la vie « virtuelle » (blogs, réseaux sociaux et messagerie instantanée) fait partie de la vie privée.

IMPORTANCE DES AMIS

Pour 84 % des jeunes parisiens interrogés, *passer du temps en groupe ou avec des amis* est la première activité. Le plus important est d'être ensemble. Les amis *influent directement sur l'inscription dans une activité.*

LES LOISIRS

60 % des jeunes interrogés pratiquent une activité artistique, culturelle ou sportive, le mercredi.
Les garçons font plus de sport, 82 %, que les filles, 64 %.
48 % des ados pratiquent une activité en club.

Les filles sont plus tournées vers la culture (bibliothèque, lecture).

ÉCOLE ET DEVOIRS

Les enfants consacrent une à trois heures par soir à leurs devoirs. 61 % des ados reconnaissent que leurs parents demandent tous les jours s'ils ont des devoirs à faire. Mais, chiffre assez étonnant, 15 % des enfants affirment que leurs parents ne demandent jamais comment s'est passée leur journée à l'école.

INDISPONIBILITÉ DES PARENTS

Dans certains quartiers, 65 % des parents commencent à travailler avant 8 h 30 et 47 % travaillent après 19 h 30.

D'après Libération
http://blogdelorientation.com/2009/08/que-font-les-adolescents-parisiens-de-leur-temps-libre-reponses/

a. Compare avec toi. Tu passes combien de temps sur Internet et devant la télé ?

b. L'enquête révèle que les amis *influent directement sur l'inscription dans une activité.* Es-tu d'accord ? Pourquoi ?

c. Selon toi, est-ce qu'il y a des activités de filles et des activités de garçons ? Donne des exemples.

d. Et toi, par jour, tu passes combien de temps à faire tes devoirs ?

Les collectionneurs

2 ❭ Lis le texte puis réponds aux questions.

Pourquoi les enfants font-ils des collections ?

Beaucoup d'enfants commencent une collection entre 7 et 12 ans.

Quand on interroge les enfants sur ce qui les pousse à collectionner, ils évoquent le plaisir de la recherche, la satisfaction de la trouvaille, le plaisir des yeux, l'émotion du souvenir.

Ils ont aussi grand plaisir à échanger avec les amis et font de véritables marchandages :

Ah non, celui-ci est hyper rare, il en vaut trois pas rares.

Au départ, c'est surtout un bon moyen de s'intégrer, d'appartenir à un groupe et d'échanger avec les autres. Il existe de nombreuses collections : gadgets *Hello Kitty*, images *Panini* de foot ou de *Batman*, figurines diverses…

À la puberté, beaucoup d'ados abandonnent ces collections qu'ils associent à l'enfance. Ceux qui continuent à collectionner sont des passionnés. Les collections reflètent alors les goûts et la personnalité. La collection devient signe d'originalité. Curieux renversement !

*Adapté de :
http://www.vosquestionsdeparents.fr.prd-www.bayardweb.com/dossier/594/pourquoi-font-ils-des-collections/page/2/sectionId/923*

a. Tu fais une collection ? Si oui, qu'est-ce que tu collectionnes ?

b. Dans ton pays, est-ce qu'il y a beaucoup de collectionnables pour ados dans les kiosques ?

c. Et dans ta famille, est-ce qu'il y a des collectionneurs ?

PROJET

Faites une enquête dans la classe sur le temps libre et comparez vos résultats avec le temps libre des jeunes Français.

Parler de ses activités de loisirs

 1 > Quelles activités de loisirs tu pratiques...

a. ...pendant l'année scolaire ?

b. ...pendant les vacances ?

 2 > Quelles sont tes activités de loisirs préférées ? Pourquoi ?

 3 > Pense à une activité insolite. Propose une activité à un(e) camarade.

Via ferrata   Paintball   Stage école du cirque

Parler de son emploi du temps

 4 > Raconte le petit rituel du matin de Robin.

a.
b.
c.
d.
e.
f.

À ce soir maman !

Échanger son avis avec les autres

 5 > D'accord ou pas d'accord ?

Je n'aime pas les travaux manuels.

J'adore lire des romans d'aventures.

Je n'aime pas les sports individuels.

Je préfère regarder les films en DVD.

Moi aussi.   *Moi non. / Pas moi.*   *Moi non plus.*   *Moi si.*

Unité 2

L'habit ne fait pas le moine !

Leçon 1 ❯

Un look à soi !

- Tu décris une tenue et tu donnes une appréciation sur un vêtement.
- Tu demandes et tu donnes ta taille et ta pointure.

Leçon 2 ❯

Trop, c'est trop !

- Tu réponds à des questions.
- Tu donnes des conseils.

Leçon 3 ❯

Un pour tous, tous pour un !

- Tu caractérises un style et tu donnes ton opinion.
- Tu exprimes la possession.

Quelles tendances ?

 1 ▸ Observe les photos, écoute et réponds aux questions.

un collier

des leggins

un sac à dos

une jupe

un chapeau

une cravate

un manteau

des bottes

a. Qui parle ?
b. Quels vêtements portent ces jeunes ?
c. De quelles couleurs sont les vêtements ?

 2 ▸ Associe ces vêtements aux motifs.

a.   b.   c.   d.   e.

1. uni
2. à carreaux
3. à fleurs
4. à rayures
5. avec des motifs

des baskets

des chaussures à talon

 3 ▸ Regarde à nouveau les photos de l'activité 1. Quels sont les motifs des vêtements ?

 **4 ▸** Et toi, comment sont tes vêtements ?

Des mots pour...

Dire les couleurs

Ce pantalon est blan**c**.
→ Cette jupe est blan**che**.
un pantalon ver**t** / bleu / noi**r**
→ une jupe ver**te** / bleu**e** / noir**e**
un pantalon beig**e** → une jupe beig**e**

Comment ça marche ?

Les démonstratifs		
	singulier	pluriel
masculin	ce / cet*	ces
féminin	cette	ces

* devant une voyelle et un *h* muet.

ce pantalon / **cet** anorak
cette jupe
ces bottes

Annexe page 71

5 ‣ Quel look tu préfères ? Pourquoi ?

Range (...) anorak, (...) pantalon, (...) baskets sinon je jette tout !

 6 ‣ Dans ton cahier, complète la bulle *avec ce, cet, cette* ou *ces.*

 Des mots pour...

Donner une appréciation sur des vêtements

C'est super bien, classe, branché !
C'est confortable, pratique, élégant !
J'adore !

C'est pas mal !
C'est affreux, démodé, ringard !

Ça nous va bien !

 7 ‣ Quels verbes tu connais pour parler des vêtements ?

Tu vois bien que ça se **porte** comme ça, c'est la mode !

 8 ‣ Conjugue dans ton cahier les verbes *s'habiller, mettre* et *porter.*

Attention, chaussures !

 9 ‣ Écoute le dialogue et réponds aux questions.

Victor : Super tes chaussures !
Arthur : Ouah, la chance ! Des Ben !
Victor : Quelle taille tu fais ? Du 46 ?
Arthur : Eh, tu n'attaches pas tes lacets ?
Louis : Non, on les porte comme ça !
Victor : Bon, on est là pour le skate.
Louis : C'est parti !

a. Quelle est la pointure de Louis ?
b. Pourquoi Louis tombe ?
c. Réponds aux questions suivantes :

Quelle taille tu fais ?

Quelle est ta pointure ?

Leçon 2 » Trop, c'est trop !

Shopping avec maman !

 1 » Écoute le dialogue et réponds aux questions.

Louis : Il est super, ce jean ! Je vais l'essayer.

Marie : Et moi, ce pull… Regarde maman, il est parfait. Je le prends !

Louis : Ce jean aussi, je le veux !

La mère : Ces vêtements sont trop petits ! Prenez la taille au-dessus.

Louis : Mais ça se porte comme ça !

Marie : C'est la mode !

La mère : Non, pas question ! Ça suffit ! Je ne les achète pas. Je ne peux pas acheter des vêtements tous les mois…

a. Qu'est-ce que Louis et Marie veulent acheter ?

b. Pourquoi la mère refuse ?

c. Donne ton avis sur ces vêtements.

 2 » Observe les phrases du dialogue et réponds aux questions dans ton cahier.

a. Je vais l'essayer ! → « *l'* » remplace le mot (…).

b. Je le prends. → « *le* » remplace le mot (…).

c. Moi aussi, je le veux. → « *le* » remplace le mot (…).

d. Je ne les achète pas. → « *les* » remplace le mot (…).

Des mots pour…

Exprimer la quantité

C'est **trop + adjectif**

*C'est **trop court**.*

Ce **ne** / **n'est pas assez + adjectif**

*Ce **n'est pas assez long**.*

Comment ça marche ?

Les pronoms Complément d'Objet Direct

Pour ne pas répéter un mot COD, on utilise les pronoms : ***le / la / l' / les***.

	singulier	pluriel
masculin	le / l*	les
féminin	la / l*	les

* l' devant une voyelle (a-e-i-o-u-y) ou un h muet.

 **Annexe page 73**

 3 » Associe les questions et les réponses.

a. Tu invites Sarah à ta fête d'anniversaire ?

b. Vous mettez cette robe rouge ce soir ?

c. Tu achètes ces pulls, ils sont trop grands ?

d. Tu regardes la télé ce soir ?

e. Comment tu trouves ce groupe de rock ?

1. Je le trouve super !

2. Non, je ne la mets pas, je préfère ma robe noire.

3. Non, je ne la regarde pas, je fais mes devoirs.

4. Oui, je les prends, ils se portent comme ça !

5. Oui, je l'invite.

4 › Réponds aux questions dans ton cahier. Utilise *le, la, l'* et *les.*

a. – Tu achètes ces chaussures ?
– Non, (…).
b. – Tu mets ton costume pour aller au travail ?
– Oui, (…).
c. – Tu connais Louise et Marie ?
– Oui, (…).

 5 › Pose des questions à un(e) camarade sur ses vêtements.

Est-ce que **ton anorak** est chaud ?

Oui, il l'est !

Spécial relooking

 6 › Écoute ce coach. Quels conseils donne-t-il ?

 7 › Qu'est-ce que tu penses du look de ces personnes ?

a.

b.

 8 › Donne des conseils de relooking à ton/ta voisin(e).

Des mots pour...

Donner des conseils

Tu devrais / Elle devrait + infinitif
Tu devrais mettre un pantalon.
Tu devrais t'habiller en noir.

Le [ɔ̃] de *bon*, le [ɑ̃] de *maman* et le [ɛ̃] de *copain*

 9 › Dans ton cahier, classe les mots dans la bonne colonne.

[ɑ̃] – an/en	[ɛ̃] – in/ain/ein/un	[ɔ̃] – on
(…)	(…)	(…)

 10 › Écoute et chante.

Un pantalon blanc pour être élégant !

C'est ringard, c'est ringard de temps en temps…

Le noir c'est branché, c'est branché tout le temps…

Et en noir et blanc, c'est l'amour, c'est l'amour pour longtemps.

Leçon 3 ❯ Un pour tous, tous pour un !

Quelle est ta tribu ?

 1 ❯ Associe les commentaires aux photos.

a. Nous nous habillons en noir. Les filles de notre groupe aiment les longues robes. Nous sommes élégants et créatifs !

b. On porte des vêtements confortables, pratiques et décontractés. On aime les couleurs, la musique, le sport et les sensations fortes.

c. Nous sommes classiques et élégants. On porte des vêtements de marque. On aime le beige, le bleu marine et le blanc.

d. On adore les mangas et on est fans de *Tokio Hotel*. On a les cheveux noirs ou décolorés. On se maquille les yeux en noir et on s'habille avec des accessoires en couleurs et avec des motifs. Notre look est amusant !

 2 ❯ À ton avis, sur ces photos, qui sont les « Emos » ; les « Gothiques » ; les « Skateurs » ; les « BCBG » ?

 3 ❯ Donne ton avis sur ces différents styles.

Des mots pour...

Donner un avis sur un look

🙂	😐	🙁
élégant	classique	ringard
confortable	excentrique	affreux
pratique	sportif	ridicule
chic	décontracté	démodé
amusant	BCBG	triste
joyeux		snob
branché		
créatif		

 4 ❯ Dans ton cahier, classe les adjectifs dans le tableau.

masculin = féminin	masculin **if** → féminin **ive**	masculin = féminin **+ e**	masculin **eux** → féminin **euse**
pratiqu**e** (...)	sport**if** → sport**ive** (...)	démod**é** →démod**ée** ringar**d** → ringar**de** (...)	affr**eux** → affr**euse** (...)

 **5 ❯ Dans ton cahier, transforme ces phrases au féminin.**

a. Il est créatif et amusant.

b. Il est sportif et décontracté.

c. Il est ridicule et prétentieux.

d. Il est joyeux et ouvert.

6 ▶ Tu connais d'autres styles vestimentaires ? Décris-les.

 7 ▶ Et toi, tu t'identifies à qui ? Pourquoi ?

Les vêtements de la tribu

 8 ▶ Écoute cette interview et réponds aux questions.

Enquête au collège

Le journaliste : Il y a beaucoup de looks différents dans votre collège ?

Louise : Oh oui ! Dans mon collège, il y a des Emos, des Gothiques, des Rappeurs...

Le journaliste : Et vous, c'est quoi votre look ?

Victor : Moi, je suis Skateur.

Louise : Moi, je suis une Lolita.

Le journaliste : Le look c'est important pour vous ?

Louise : Oui et non. Mon look, c'est important, mais mes copines ne sont pas toutes des Lolitas !

Victor : Pour moi, notre look c'est super important, entre nous on se reconnaît tout de suite.

a. Quel est le look de Louise et quel est le look de Victor ?

b. Est-ce que le look est important pour Louise et pour Victor ?

c. Et pour toi, est-ce que le look est important ?

La coiffure de Mariah Carey

Le sac de Rihanna

Le petit gilet de ma copine Amélie

Les chaussettes de Kate Moss

Les bottes d'Anne Hathaway

 9 ▶ Lucie va à la montagne. Qu'est-ce qu'elle doit emporter ? Utilise *son*, *sa* et *ses*.

 **10 ▶** Dans ton cahier, refais les phrases de l'activité 9. Remplace Lucie (elle) par *je*, *tu*, *nous*, *vous*, *ils/elles*.

⚙ Comment ça marche ?

Les possessifs			
Possesseur	**singulier**		**pluriel**
	masculin	féminin	
je	mon*	ma	mes
tu	ton*	ta	tes
il/elle	son*	sa	ses
nous	notre		nos
vous	votre		vos
ils/elles	leur		leurs

* devant une voyelle ou un *h* pour un nom féminin : *mon/ton/son*

Annexe page 72

Civilisation ❭ Les ados et les fringues

Les ados français et la mode

 1 ❭ Lis le texte.

En France, les filles entre 13 et 16 ans dépensent leur argent de poche pour acheter des chaussures et des vêtements. Les garçons achètent des jeux vidéo mais ils font aussi attention à leur look !

Les chaussures de marque sont très importantes pour 95 % des garçons et 75 % des filles.

Les adolescents français dépensent en moyenne 1 000 euros par an pour acheter des chaussures, vêtements et accessoires.

 2 ❭ Pour toi, c'est indispensable d'avoir des chaussures et des vêtements de marque ?

Looks ou uniformes ?

 3 ❭ Observe les documents et réponds aux questions.

Pour éviter les différences sociales entre les collégiens, 45 % des parents sont *pour* le port de l'uniforme au collège et 70 % des collégiens sont *contre*.

Le look est essentiel pour 85 % des adolescents français. Ils se rencontrent en fonction du look et s'identifient à un style et à un groupe.

Le groupe a ses codes vestimentaires mais ce n'est pas non plus l'uniforme !

a. Tu es pour ou contre l'uniforme au collège ? Pourquoi ?

b. Est-ce que tu choisis tes amis en fonction de leur look ?

PROJET

Les nouvelles tribus.

Décrire des tenues

1 › Décris ces tenues.

a.

b.

c.

Demander et donner sa taille

4 › Demande et donne ta taille et ta pointure.
Complète les bulles.

(…) votre (…) ?

(…)

Exprimer la possession

5 › Complète avec un possessif.

a. **Vous** avez (…) style.

b. **Nous** avons (…) look et (…) copains.

c. **Les ados** choisissent (…) groupes et (…) vêtements.

Donner une appréciation sur les vêtements

2 › Que penses-tu des tenues de l'activité 1 ?

Donner des conseils

3 › Donne des conseils vestimentaires à ces personnes.

a.

b.

(…) vous (…) ?

(…)

d. **Elles** aiment (…) mère.

e. **Je** mets (…) pantalon beige.

f. **Il** porte (…) chaussures blanches.

Conjugaison

 1 › Écris une annonce pour ces activités. Utilise l'impératif.

a.

b.

c.

d.

 2 › Conjugue les verbes à l'impératif (*tu, nous, vous*).

a. Venir à la fête.
b. Ne pas manger dans les salles de cours.
c. Rejoindre le club de théâtre.
d. Ne pas faire du skate dans la maison.
e. Apprendre à dessiner.

 3 › Conjugue le verbe entre parenthèses au présent de l'indicatif.

a. On (savoir) parler français.
b. Nous (vouloir) aller à l'anniversaire de Lucie.
c. Vous (pouvoir) danser.
d. Tu (devoir) mettre une robe noire.
e. Ils (savoir) faire du roller.

Accord des adjectifs

4 › Transforme au féminin.

a. Il est classique et élégant.
b. Il est sportif, décontracté et ouvert.
c. Il est joyeux et créatif.
d. Il est triste et prétentieux.

Les pronoms compléments

5 › Réponds à ces questions. Utilise les pronoms COD : *le, la, l', les.*

a. Tu mets cette robe ?
b. Tu prends ton pull ?
c. Tu ranges tes affaires ?
d. Tu connais Louise et Marie ?

Répondre à une question négative

 6 › Relie la question à la réponse.

a. Tu ne vas pas au collège ?
b. Vous aimez les chevaux ?
c. Tu ne prends pas ton instrument ?
d. Tu achètes ces chaussures ?
e. Votre style n'est pas classique ?

1. Oui, je les aime.
2. Si, je vais au cours de français.
3. Si, mon style est BCBG.
4. Si, je le prends.
5. Oui, je les achète.

Unité **3**
Interdit aux parents

Leçon 1 › Viens chez moi !

Ma chambre dans ma maison

 1 › Écoute, lis et réponds aux questions.

a. Quelle est la chambre de Louise ? La chambre de Léo ?

b. Quels meubles sont dans les chambres de Louise et Léo ?

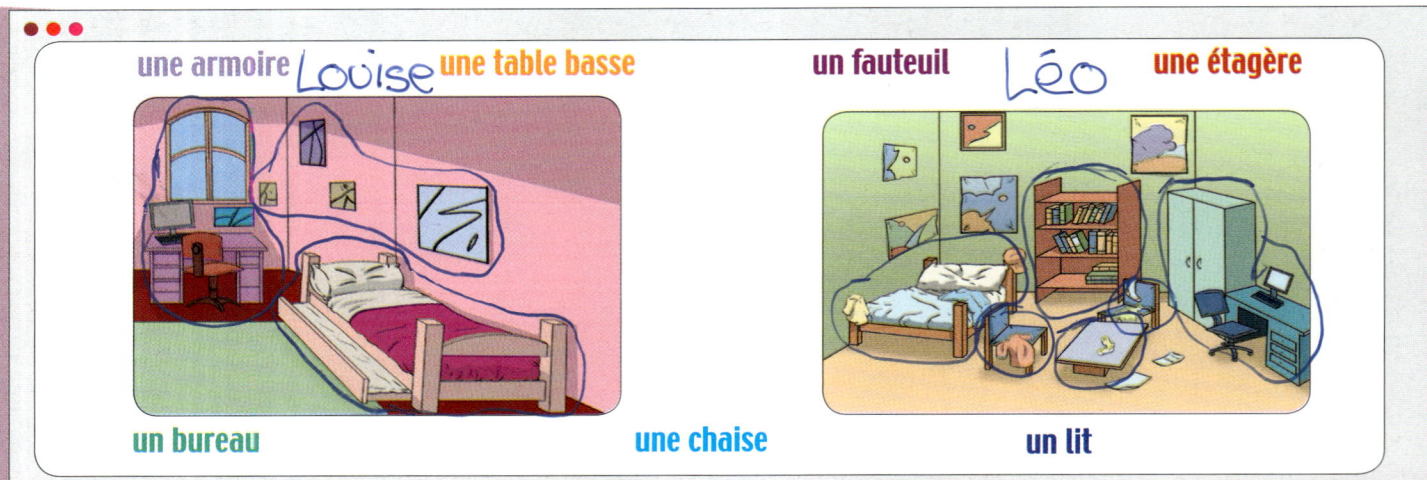

une armoire — Louise — une table basse — un fauteuil — Léo — une étagère — un bureau — une chaise — un lit

Louise : Voilà ! C'est ma chambre, elle est petite mais je l'aime bien. Mon lit est contre le mur. Sous mon lit, il y a un tiroir avec un matelas quand une copine vient dormir, c'est pratique ! Le bureau est devant la fenêtre. J'aime beaucoup mes posters et mes affiches sur le mur.

Léo : Ma chambre est au bout du couloir, je suis tranquille. J'ai un grand lit à gauche de l'étagère. En face du lit, il y a un bureau et à côté du bureau, il y a une armoire. Au centre de ma chambre, il y a une table basse et deux fauteuils pour inviter mes amis. C'est en désordre, je déteste ranger.

 2 › Quels meubles sont dans ces pièces ?

le salon | la salle à manger
la cuisine | la salle de bains

Des mots pour...

Nommer le mobilier			
un canapé	un évier	une cuisinière	un lavabo / des toilettes
un buffet	un placard	un réfrigérateur	une douche

 3) Louise et Léo utilisent quels mots pour localiser les meubles ?

 4) Quels autres mots tu connais pour localiser ? Fais la liste dans ton cahier.

 5) Décris ta chambre.

 6) Trouve les différences entre les deux chambres.

Des mots pour...

Localiser

au centre **de** / au milieu **de**

contre

au bout **de** / au fond **de**

Cache-cache

 7) Un élève cache un objet, les autres devinent où il est.

- Quand l'objet est loin, l'élève dit **« C'est froid ! »**
- Quand l'objet est près, l'élève dit **« C'est chaud ! »**

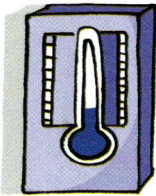

Il est sous le bureau du prof ?

Non, c'est froid !

L'interrogation

 8) Écoute et observe les intonations.

Qu'est-ce qu'ils font ? ↗

Ils écoutent de la musique. ↘

Tu ranges ta chambre ? ↗

Non, je sors. ↘

 9) Écoute et réponds.

a. Quelles sont les questions ?
b. Écoute les réponses et répète.

On y fait des choses !

 1 ❯ Lis ces commentaires et réponds aux questions.

A Enquête auprès des adolescents français entre 11 et 15 ans

Leur chambre ?

Qu'est-ce qu'ils y font ?

- Ils écoutent de la musique : 49 %
- Ils font les devoirs : 44 %
- Ils lisent : 28 %

B Simon

Ma chambre, j'y suis beaucoup parce que j'y joue de la musique.

C Louise

*Dans ma chambre, j'aime être sur mon lit !
J'y fais mes devoirs.
J'y écoute de la musique.*

a. Que fait Simon dans sa chambre ? Et Louise ?

b. Le pronom **y** remplace quels mots dans les textes **A – B - C** ?

c. Où se place le pronom **y** ?

 Comment ça marche ?

Le pronom **y** remplace un lieu (où on va, où on est)

Le bureau : j'y travaille.

y = (sur le) bureau

Annexe page 74

 2 ❯ Dans ton cahier, remplace les mots soulignés par le pronom y.

a. Nous allons <u>au cinéma</u>.

b. Je travaille <u>sur mon bureau</u>.

c. <u>À Paris</u>, on visite la tour Eiffel.

d. Il est <u>dans ta chambre</u>.

 3 ❯ Et toi, tu fais quoi dans ta chambre ?

Dans ma chambre, j'(...)

Qu'est-ce que tu y mets ?

 4) Écoute, lis le dialogue et réponds aux questions.

a. Qu'est-ce que Lucie a fait hier ?

b. Quels objets nouveaux sont dans sa chambre ?

Lucie : Hier, **j'ai changé** la déco dans ma chambre.

Simon : Ah bon… ! Et qu'est-ce que **tu as fait ?**

Lucie : **J'ai changé** les meubles de place, **j'ai mis** mon lit contre le mur et ma commode sous la fenêtre. **J'ai accroché** des posters au-dessus de mon lit. **J'ai acheté** des rideaux en plastique noir, c'est très branché !

Simon : C'est bien, **tu as rangé** tes affaires !

Lucie : Non, pas du tout ! Pourquoi tu dis ça ?

 5) Dans ton cahier, situe les verbes en gras du texte sur la ligne de temps.

Présent

 **Comment ça marche ?**

Le passé composé avec l'auxiliaire avoir

Verbe **avoir** (présent) + participe passé

j'ai / tu as / il a…   + chang**é**

Annexe page 72

 6) Relie.

a. faire

b. mettre

c. accrocher

d. acheter

1. accroché

2. acheté

3. mis

4. fait

 Les verbes en **-er** (*changer / ranger*)

chang**er** ➜ j'ai chang**é**

rang**er** ➜ j'ai rang**é**

 7) Dans ton cahier, écris les phrases au passé composé.

a. Lucie range sa chambre.

b. Elle accroche ses rideaux à la fenêtre.

c. Elle pose une lampe sur la commode.

d. Elle fait le ménage.

 8) Et toi, comment tu as décoré ta chambre ?

 9) Raconte ta journée d'hier.

 **Des mots pour…**

Parler des matières

en plastique / cuir / tissu…

Quel désordre !

 1 ❭ Écoute ce dialogue et réponds aux questions.

a. Adrien a rangé sa chambre ?

b. À ton avis, elle est bien rangée ?

Le père : Adrien, range ta chambre et tes affaires ! Prends exemple sur ta sœur ! Tu as vu comme sa chambre est propre ! Ce matin, elle a fait le ménage dans la cuisine et la vaisselle. Et toi, qu'est-ce que tu as fait... ? Est-ce que tu as aidé ta sœur ?

Adrien : Je m'excuse, mais j'ai rangé ma chambre !

Le père : Rangé quoi ? C'est une blague ?

Adrien : Pas du tout, j'ai mon organisation personnelle. Tu veux un exemple ?

Le père : D'accord, vas-y !

Adrien : Par exemple, tu veux mon bulletin du premier trimestre ? Eh bien... Hop..., je le trouve tout de suite ! Il est sur mon bureau, à côté de la lampe, sous mes devoirs de maths. Tu vois. Chacun sa méthode !

 2 ❭ Et ta chambre, elle est en ordre ? Qu'est-ce que tes parents disent ?

Quelles corvées !

 3 ❭ Ce matin, Julien a fait le ménage. Qu'est-ce qu'il a fait ?

Il a fait la vaisselle. Il a balayé. Il a lavé le linge. Il a passé l'aspirateur.

 4 ❭ Et toi, que fais-tu chez toi ?

📖 Des mots pour...	
Exprimer la négation	
Je **ne** fais **rien**.	Je **ne** fais **jamais** le ménage.

Es-tu ordonné(e)

 5 ❯ Lis ce test et réponds aux questions dans ton cahier.

a. Ranges-tu ta chambre ?
- Tous les jours.
- Une fois par semaine.
- Une fois par mois.
- Jamais.

b. Repasses-tu tes vêtements ?
- Toujours.
- Jamais.

c. Fais-tu ton lit ?
- Le matin.
- Le soir avant de dormir.
- Une fois par semaine.
- Jamais.

d. Préfères-tu ?
- Passer l'aspirateur.
- Balayer.
- Laver les vitres.
- Plier le linge.

Réponses :
Tu as 3 ou 4 • : Bravo ! Tu es une vraie « fée du logis ».
Tu as 3 ou 4 ■ : Un peu de désordre ne te dérange pas mais seulement un peu parce que trop c'est trop !
Tu as 3 ou 4 ◆ : Vive le désordre ! Tu ranges parfois pour faire plaisir à tes parents.
Tu as 3 ou 4 ▲ : Vive le désordre ! Tu aimes vivre dans les tas de vêtements, papiers, objets divers.

 6 ❯ Observe les questions du test. Que remarques-tu ?

 7 ❯ Pose les mêmes questions de deux manières différentes.

 8 ❯ Écoute les questions et repère les liaisons.

a. Fait-il du sport ? [t]
b. Doit-il faire du sport ? [t]
c. Prend-il le bus ? [t]

 9 ❯ Prononce les questions puis écoute pour vérifier.

a. Fait-il ses devoirs dans sa chambre ?
b. Est-elle dans le salon ?
c. Vient-il à la fête d'anniversaire de Lucie ?

> Entre deux voyelles on met **-t-**.
> **Il aime** écouter de la musique ?
> *Aime-t-il écouter de la musique ?*
> **Il y a** un bureau dans ta chambre ?
> *Y a-t-il un bureau dans ta chambre ?*

 Comment ça marche ?

L'interrogation

- Tu ranges ta chambre ?
[intonation montante 🡕]

- Est-ce que *tu ranges ta chambre ?*
[(**qu'**) **est-ce que** + phrase]

- Ranges-tu *ta chambre ?*
[inversion verbe-sujet]

 **Annexe pages 74-75**

 10 ❯ L'inversion verbe-sujet.

a. Dans ton cahier, transforme les questions avec l'inversion verbe-sujet.
1. Il range sa chambre ?
2. Il prend le bus ?
3. Elle lit sur son lit ?
4. Ils vont au cinéma le samedi ?
5. Il y a des cours de danse dans ton collège ?

b. Écoute pour vérifier.

Civilisation › Ma chambre – mon refuge !

Une chambre tout seul ?

1 › Lis le texte.

Ta chambre est ton endroit personnel où tu peux te retrouver seul ou inviter tes amis… mais voilà, ce n'est pas toujours possible d'avoir une chambre à soi !
En France, 70 % des adolescents ont une chambre pour eux. Dans les grandes villes : Paris, Lyon, Toulouse, Marseille, les appartements sont chers et les surfaces peuvent être petites… alors, parfois, on partage sa chambre avec son frère ou sa sœur.

2 › Compare avec la situation des grandes villes dans ton pays.

Tes objets perso ?

3 › Lis et réponds aux questions.

a. Dans ta chambre, où ranges-tu tes objets personnels ?

b. Quels sont tes objets les plus personnels ?

Pour 31 % des ados français, l'endroit le plus personnel dans la chambre est le bureau et les tiroirs.

Pour 16 % des ados français, les objets les plus personnels sont : les posters et les dessins.

Pour 20 %, c'est le lit.

Pour 14 %, c'est la musique.

Ma chambre et les autres

 4 ❱ Lis ces témoignages.

On ne vit pas tout seul dans la maison ou l'appartement, il y a les parents, les frères et sœurs… et on peut vouloir être seul… ! Alors on peut s'enfermer dans sa chambre.

La chambre est-elle un espace interdit aux parents ?

Julie 14 ans
Ma mère entre dans ma chambre et regarde dans mes tiroirs, elle ne veut pas que je ferme ma chambre à clé !

Martin 14 ans
Ma chambre, j'y ai mes livres, mon ordi, mes posters, mes magazines… J'y reçois mes copains mais j'aime bien y être seul !
Mes parents n'entrent jamais dans ma chambre !

Arthur 15 ans
Ma chambre, j'y fais mes trucs* perso comme téléphoner à mes copains. Mes parents n'ont pas le droit d'entrer et ils n'y entrent pas.

 5 ❱ Et toi, est-ce que tes parents entrent dans ta chambre ?

Les écrans dans la chambre

 6 ❱ Lis le texte. Penses-tu qu'il faut un ordinateur et/ ou une télé dans ta chambre ?

30 % des adolescents français ont un ordinateur dans leur chambre et 10 % une télévision. Beaucoup de parents pensent qu'il faut contrôler les adolescents quand ils sont sur Internet ou Facebook et qu'on regarde la télévision en famille dans le salon.

PROJET

Écrivez un questionnaire sur la chambre (décoration, objets personnels, activités…) et faites ur sondage.

Décrire des pièces de la maison

 1 › Décris les pièces et localise les meubles.

a.    b.    c.    d.

Raconter une journée passée

 2 › Raconte la journée d'Alice.

a.    b.    c.    d.

9 heures   12 heures   17 heures   19 heures

Parler des tâches ménagères

 3 › Qu'est-ce qu'il fait ?

a.    b.    c.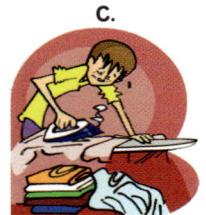

d.    e.    f.

Poser des questions

 4 › Dans ton cahier, reformule les questions de deux autres manières.

a. Vous rangez votre chambre ?

b. Elle s'habille en noir ?

c. Tu décores ta chambre ?

d. Ils changent les meubles de place ?

e. On fait la vaisselle ?

f. On accroche les rideaux ?

Unité 4

Quand on aime, on ne compte pas

Leçon 1 ❯

Ça coûte les yeux de la tête

- Tu compares et tu commentes les prix.
- Tu comprends des grands nombres.

Leçon 2 ❯

Monsieur, s'il vous plaît...

- Tu demandes des renseignements.
- Tu donnes et tu demandes un prix.

Leçon 3 ❯

Qu'est-ce que tu fais ?

- Tu téléphones.
- Tu racontes des faits passés. / Tu parles de tes déplacements.

Leçon 1 › Ça coûte les yeux de la tête

Qu'est-ce qu'on achète ?

 1› Écoute ce dialogue et réponds aux questions.

a. Pourquoi offrent-elles un cadeau à leur mère ?

Marie : On doit trouver un cadeau pour maman. Demain c'est la fête des mères !
Sophie : Une machine à tricoter, c'est une bonne idée !
Marie : Ah oui, pour faire des pulls, des gants, des chaussettes, un bonnet…
Sophie : Arrête l'horreur !
Marie : Oui, t'imagines le truc*, très mauvaise idée !
Sophie : Et puis, c'est super cher !
Marie : Et un vase ?
Sophie : C'est ringard* !
Marie : Et un porte-monnaie ? C'est moins cher que la machine à tricoter !
Sophie : Ouais*… bof* !… pas très original. Et… un sac Basboul !
Marie : Tu es folle, c'est plus cher que la machine à tricoter !
Sophie : Et alors ? Quand on aime, on ne compte pas !

b. Quelles sont leurs idées de cadeaux ?

c. Pourquoi ne les achètent-elles pas ?

un sac à main	des gants	un vase	un porte-monnaie	un collier	un bonnet

  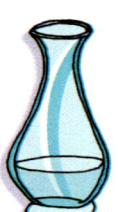   

Plus cher ou moins cher ?

 2› Lis les phrases et observe.

Un porte-monnaie ? C'est **moins** cher **que** la machine à tricoter !
Un sac Basboul ! C'est **plus** cher **que** la machine à tricoter !

 **Des mots pour…**

Comparer

C'est **moins** (-) cher (**que**)
C'est **aussi** (=) cher (**que**)
C'est **plus** (+) cher (**que**)

3) Joue avec un(e) camarade.

Quel est le prix exact de ces objets ? Aide ton/ta camarade à deviner.

| entre 30 et 50 € | entre 50 et 80 € | entre 300 et 500 € | entre 10 et 20 € |

le blouson c'est 30.

Non, c'est plus.

 4) Commente les prix des objets ci-dessus.

 5) Compare avec les prix dans ton pays.

Ça coûte cher !

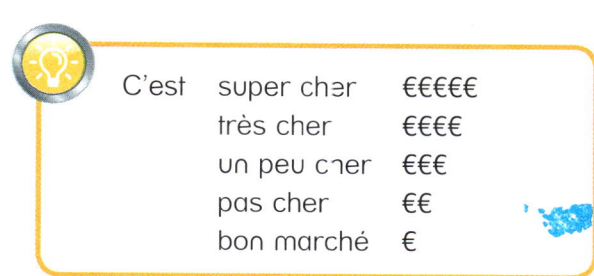

C'est
super cher	€€€€€
très cher	€€€€
un peu cher	€€€
pas cher	€€
bon marché	€

 6) Écoute et chante.

 7) Dans ton cahier, écris les nombres que tu entends.

100 000 · 850 · 15 236 · 1 200 · 999 · 120 · 1 000 000 · 574 · 10 300 · 480 · 6 890

 8) Réécoute et vérifie.

1 000 *mille*
5 000 *cinq mille*
10 000 *dix mille*
En plein dans le mille !

100 000 *cent mille*
500 000 *cinq cent mille*
1 000 000 *un million !*
Super Jackpot !

Des mots pour...

Compter			
100	cent	50 000	cinquante mille
500	cinq cents	100 000	cent mille
1 000	mille	500 000	cinq cent mille
5 000	cinq mille	1 000 000	un million
10 000	dix mille		

Achats au grand magasin

 1 › Écoute et réponds aux questions.

a. Quel cadeau ont-elles trouvé pour leur mère ?

b. Combien coûte ce cadeau ?

Marie : Bonjour monsieur, s'il vous plaît, nous cherchons le rayon chapeau ?

Le vendeur : Vous prenez l'escalator, c'est au deuxième étage.

Sophie : Mademoiselle, s'il vous plaît, nous voudrions ce chapeau bleu. Est-ce que vous avez la taille au-dessus ?

La vendeuse : Oui, attendez, je vais regarder.

[...]

La vendeuse : Tenez ! voilà !

Sophie : Merci beaucoup, mademoiselle !

La vendeuse : De rien !

[...]

Marie : Il coûte combien ?

Sophie : Il est à 20 euros et il y a une remise de 10 %.

Marie : Alors, c'est 18 euros !

Sophie : C'est bon, on le prend !

[...]

À la caisse

La caissière : Vous payez en espèces ?

Sophie : Oui, on n'a pas de carte bleue !

 2 › Dans ton cahier, relève les questions du dialogue.

 3 › Complète les dialogues des quatre vignettes avec les expressions suivantes :

S'il vous plaît, je voudrais ces chaussures.
Ça coûte combien ?
Ce blouson coûte combien ?
De rien !
S'il vous plaît, je cherche le rayon chapeau.

a.

b. [...] *Quelle est votre pointure ?*

Je fais du 42.

[...] *Il coûte 39 euros.*

[...]

Merci beaucoup !

C'est à côté des écharpes et des gants au 1er étage.

C'est 55 euros.

d.

   **c.**

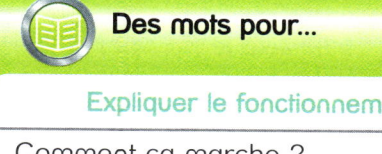

Un cadeau pour Léa !

 4 ▸ Écoute le dialogue et réponds aux questions.

a. À quoi servent ces objets ?

b. Quel est le prix de chaque objet ?

c. Qu'est-ce que Marie et Jules achètent ?

un radio réveil

un lapin robot

un porte-clés avec une lampe de poche

 5 ▸ Jouez les scènes suivantes.

Vous êtes dans un grand magasin, vous achetez :

- un pull
- des chaussures, etc.

Des mots pour...

Expliquer le fonctionnement
Comment ça marche ?
Comment marche ce… ?
Ça sert à quoi ?
Ça sert à…
C'est utie pour…

Des mots pour...

Demander poliment
S'il vous plaît, je voudrais / nous voudrions…
Pour remercier
Merci (beaucoup) !
De rien !

Les sons [v] et [f]

 **6 ▸ Écoute et répète.**

a. il faut   il vaut

b. en face   un vase

 7 ▸ Mets ta main devant ta bouche et répète les sons [v] et [f]. Qu'est-ce que tu observes ?

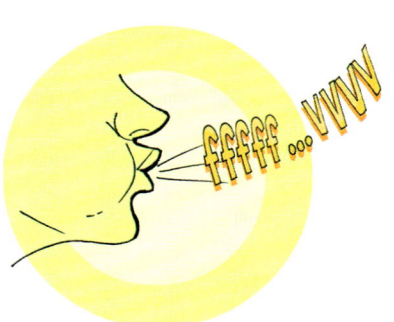

 **8 ▸ Écoute et dis dans quel ordre tu entends les mots.**

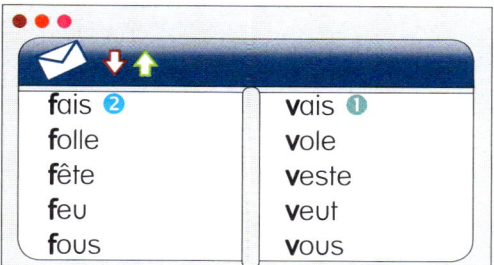

fais ❷	vais ❶
folle	vole
fête	veste
feu	veut
fous	vous

 **9 ▸ Écoute et chante.**

Vive le vent

Vive le vent

Vive le vent

Vive le vent d'hiver

Qui s'en va sifflant soufflant

Dans les grands sapins verts

Ça s'est passé hier !

 1 ❭ Écoute le dialogue et réponds aux questions.

a. Quelle sortie Léa propose-t-elle à Marie ?

b. Pourquoi Marie refuse-t-elle ?

c. Que s'est-il passé avec Jules ?

La mère : Allô, oui ?

Léa : Bonjour, c'est Léa.

La mère : Oui, je te connais, tu es venue à la maison samedi dernier.

Léa : Oui, je suis passée avec Océane.

La mère : Tu veux parler à Marie ?

Léa : Oui, merci !

[...]

Léa : Allô Marie, c'est Léa !

Marie : Ah bonjour !

Léa : Tu vas bien ?

Marie : Oui, ça va ?

Léa : Tu veux venir faire les magasins cet après-midi ?

Marie : Non merci, je suis allée faire des courses hier avec Jules !

Léa : Vous êtes allés où ?

Marie : Aux Galeries Farfouilles.

Léa : Jules est venu avec toi ?

Marie : Oui, étonnant non ?… mais il s'est arrêté au rayon des jeux vidéo, il y est resté plus de deux heures et je suis rentrée à la maison toute seule !

Léa : Sympa les courses avec Jules !

 2 ❭ Dans ton cahier, relève les verbes du dialogue.

 3 ❭ Comment forme-t-on le passé composé pour ces verbes ?

 4 ❭ Comment s'accorde le participe passé avec l'auxiliaire *être* ?

 Comment ça marche ?

Le passé composé
auxiliaire **être** (au présent) + participe passé
Il **est** ven**u** (**Jules**)
Tu **es** ven**ue** (**Léa**)

Annexe page 72

5) Relie.

a. venir
b. passer
c. aller
d. partir
e. sortir

1. parti
2. venu
3. sorti
4. allé
5. passé

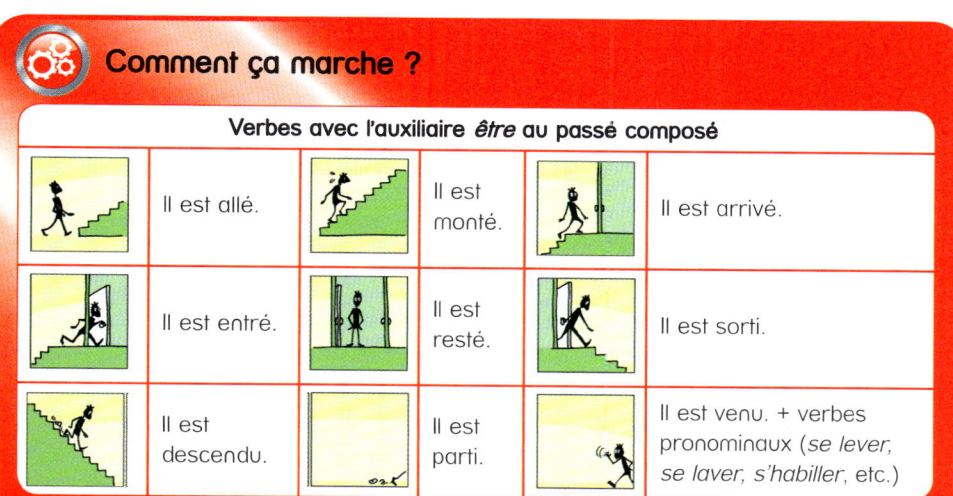

Comment ça marche ?

	Verbes avec l'auxiliaire *être* au passé composé				
	Il est allé.		Il est monté.		Il est arrivé.
	Il est entré.		Il est resté.		Il est sorti.
	Il est descendu.		Il est parti.		Il est venu. + verbes pronominaux (*se lever, se laver, s'habiller*, etc.)

Annexe pages 72-73

Une matinée !

 6) Qu'est-ce que Marie a fait mercredi dernier ?

 7) Et toi ? Raconte ce que tu as fait ce matin.

Qu'est-ce qu'ils ont fait ce week-end ?

 8) Dans ton cahier, conjugue les verbes entre parenthèses au passé composé. Attention à l'accord du participe passé.

Léa : Mes cousins (venir) samedi. Nous (visiter) la tour Eiffel. Ils (partir) samedi soir.
Marie : Lucie (arriver) vers 14 h, nous (rester) à la maison.
Jules : Je (sortir) avec mes copains. Mon petit frère (venir) avec nous. Nous (aller) au cinéma.

Civilisation > Argent de poche et débrouille

1) Lis les textes et réponds aux questions.

a. Qu'est-ce qu'on peut faire en France sans argent ?

b. Quelles sont les conditions nécessaires pour travailler en France ?

> Quand on n'a pas d'argent, on peut se débrouiller !
> Les adolescents français proposent leurs bons plans !

• La coiffure et les soins de beauté

On peut se faire coiffer gratuitement et se faire couper les cheveux dans ces écoles de coiffure.

On peut avoir des échantillons de crèmes dans les pharmacies ou les parfumeries ! Demande poliment !

• Le troc

Tu peux organiser chez toi des après-midi pour échanger tes affaires avec tes ami(e)s.

• Les vide-greniers

En France, entre le mois de mars et le mois d'octobre, il existe des vide-grenier. Les habitants de la ville peuvent organiser un marché et vendre leurs affaires.

• La culture

Les musées nationaux en France sont gratuits tous les jours pour les moins de 18 ans.

• Les guides des activités gratuites

Il existe des guides pour visiter Paris, aller voir des concerts, des musées ou faire d'autres activités sans payer.

• Les petits boulots

En France, tu peux travailler à partir de 14 ans, mais seulement pendant les vacances et pas plus de la moitié des vacances. L'inspecteur du travail doit donner son autorisation.

Tu peux bien sûr recevoir de l'argent pour des services rendus comme le baby sitting, promener un chien, faire des courses pour un voisin.

2) Compare avec la situation dans ton pays.

• • •

PROJET

Faites un sondage pour savoir ce que chacun fait avec son argent de poche.

Donner et demander un prix

1 › Demande le prix de ces objets.

a.

b.

2 › Donne le prix de ces objets.

a.

269 €

b.

11,99 €

Commenter les prix

3 › Devine le prix de ces objets.

a.

Airbus A 380

b.

un yacht

c.

une maison

Réponses
Airbus A 380 : 213 millions d'euros
Yacht : 353 000 euros
Maison : 350 000 euros

4 › Commente et compare ces prix.

Demander des renseignements

5 › Imagine les dialogues pour les situations suivantes.

a. Tu cherches le rayon vêtements de sport.

b. Tu voudrais acheter cet article :

c. Tu demandes à quoi sert cet objet :

Raconter une journée

6 › Raconte l'après-midi de Jules au passé.

Le point sur la grammaire ›

Conjugaison

 1 › Dans ton cahier, classe les verbes dans le tableau.

laver – sortir – part r – faire – aller – décorer – s'habiller – se lever – entrer – ranger – arriver – venir – sortir

| Passé composé | Auxiliaire *avoir* : (…) |
| | Auxiliaire *être* : (…) |

 2 › Écris ces phrases au passé composé.

a. Je vais faire les magasins avec Léa. Elle sort du collège à 16 heures, nous allons aux Galeries Farfouilles.

b. Je me lève à 7 heures, je me lave et m'habille entre 7 heures et 7 h 30. J'arrive devant le collège à 7 h 45.

c. Vous sortez du collège à 18 heures et vous arrivez chez vous à 19 heures. Jules rentre à 18 h 30.

d. Tu pars en vacances en été.

Le pronom y

 3 › Réponds aux questions. Utilise le pronom *y*.

a. Qu'est-ce que tu mets <u>dans ta valise</u> ?

b. Tu vas <u>à Paris</u> ?

c. Vous restez <u>dans votre chambre</u> ?

d. Ils travaillent <u>dans le salon</u> ?

L'interrogation avec l'inversion du sujet

 4 › Dans ton cahier, réécris les questions comme dans l'exemple.

Où est-ce que tu achètes tes vêtements ?

→ *Où achètes-tu tes vêtements ?*

a. Quelle couleur tu préfères ?

b. Vous faites quelle taille ?

c. Est-ce qu'il range sa chambre ?

La négation avec *rien* et *jamais*

 5 › Remets les phrases dans l'ordre.

a. Louvre / le / ai / jamais / musée / visité / Je / n' / du / Paris. / à

b. mange / rien. / ne / Je

c. jamais / ranges / ne / tes / Tu / affaires.

d. faites / ne / Vous / rien.

e. sport. / ne / jamais / fait / de / Il

 6 › Réponds négativement aux questions. Utilise les négations : *rien, jamais.*

a. Est-ce que tu fais le ménage chez toi ?

b. Qu'est-ce que tu manges ?

c. Est-ce que tu vas au collège en métro ?

d. Tu as de l'argent ?

Unité 5
Les gourmets

Leçon 1 ›
La liste des courses
- Tu fais les courses.
- Tu exprimes tes goûts et tes préférences.

Leçon 2 ›
Pour être en forme !
- Tu exprimes un besoin, une nécessité.
- Tu commandes un repas.

Leçon 3 ›
Aujourd'hui on cuisine !
- Tu comprends une recette de cuisine.
- Tu qualifies la nourriture.

Leçon 1 › La liste des courses

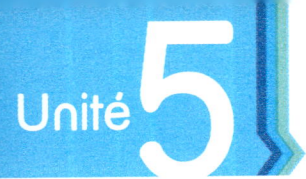

Chez les commerçants

1 › Écoute et observe. Qu'est-ce que Julie achète ?

Du pain

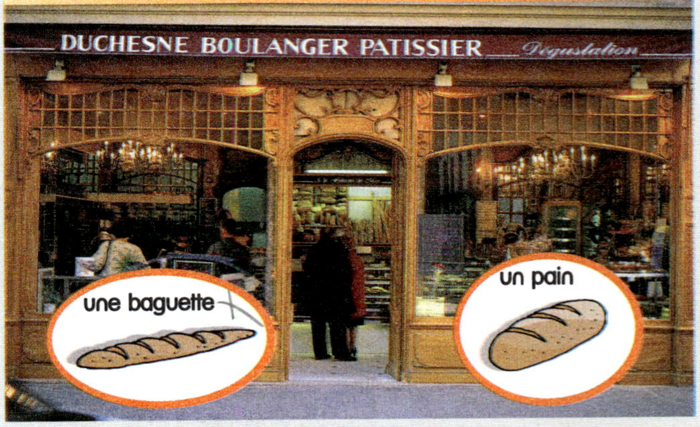
DUCHESNE BOULANGER PATISSIER
Dégustation
une baguette
un pain

Des légumes et des fruits

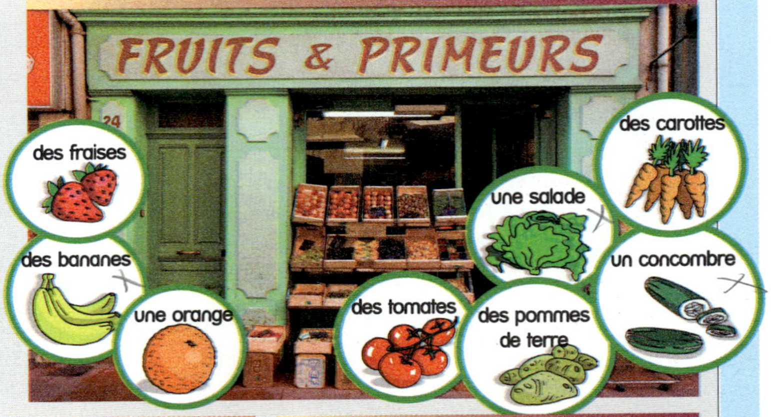
FRUITS & PRIMEURS
des fraises
des bananes
une orange
des tomates
des pommes de terre
une salade
des carottes
un concombre

De la charcuterie

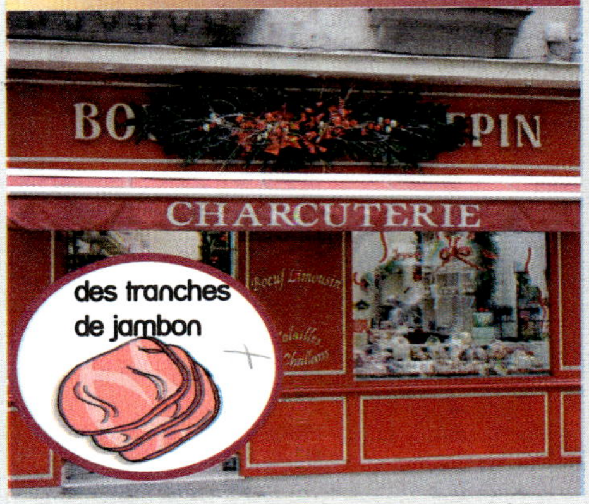
CHARCUTERIE
des tranches de jambon

De la viande

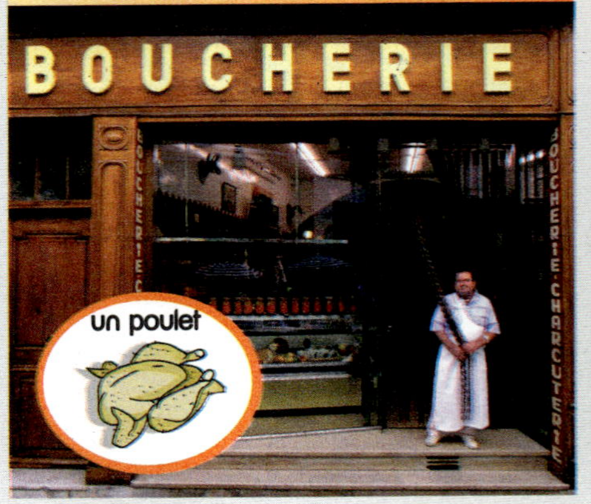
BOUCHERIE
BOUCHERIE · CHARCUTERIE
un poulet

Du poisson

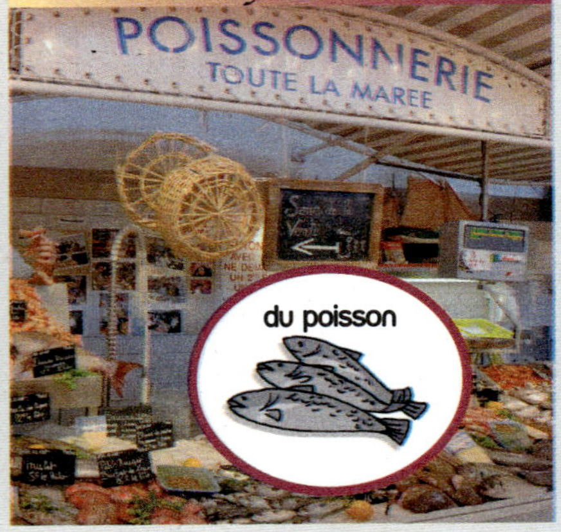
POISSONNERIE
TOUTE LA MAREE
du poisson

Des boissons…

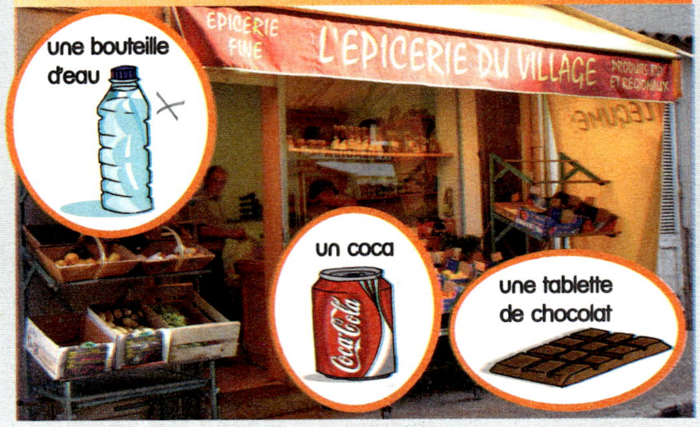
EPICERIE FINE
L'EPICERIE DU VILLAGE
une bouteille d'eau
un coca
une tablette de chocolat

Du fromage

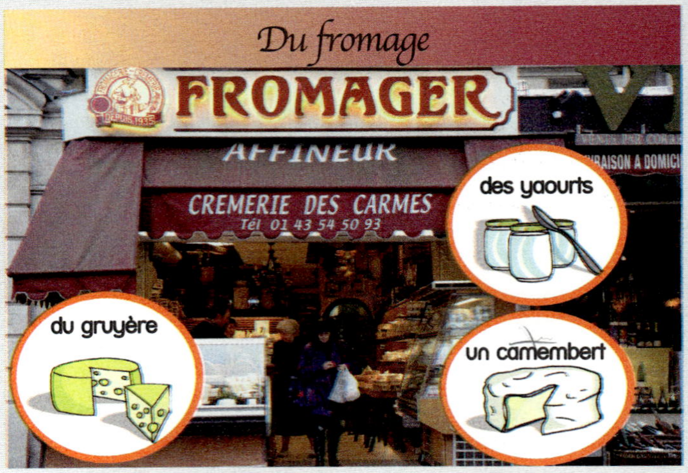
FROMAGER
AFFINEUR
CREMERIE DES CARMES
Tél 01 43 54 50 93
des yaourts
du gruyère
un camembert

2 ❯ Dis ce que tu aimes, adores, n'aimes pas, etc., comme dans l'exemple.

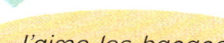 *J'aime les bananes.*

 3 ❯ Jouez. Tu dis une phrase, ton/ ta camarade reprend la phrase en ajoutant un mot, comme dans l'exemple.

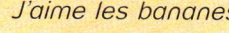 *J'aime les bananes et les yaourts.*

J'adore.	💜💜💜
J'aime bien.	💜💜
J'aime un peu.	💜
Je n'aime pas.	❌
Je n'aime pas du tout.	❌❌
Je déteste.	❌❌❌
Je ne sais pas. / Je n'en mange jamais.	

 4 ❯ Où vas-tu acheter ces aliments ?

Liste

10 baguettes
10 tranches de jambon
1 poulet

3 camemberts
5 tablettes de chocolat
1 salade

 Des mots pour...

Parler des commerces

Je vais **à la boulangerie** / **chez le boulanger**.

De la nourriture... !

 5 ❯ Observe. À ton avis, quand utilise-t-on les partitifs ?

de l'eau

une bouteille d'eau

 **du** chocolat

une glace

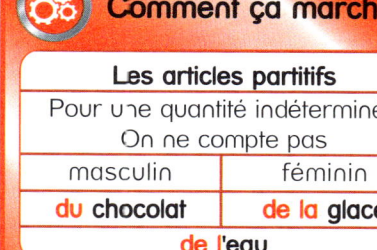 **de la** glace

une tablette de chocolat

Comment ça marche ?

Les articles partitifs

Pour une quantité indéterminée On ne compte pas	
masculin	féminin
du chocolat	**de la** glace
de l'eau	

Annexe page 73

 6 ❯ Dans ton cahier, complète avec *du*, *de la*, *de l'*, *des* ou *un*.

 (...) lait

 (...) pain

 (...) poulet

 (...) confiture

 (...) poulet

 (...) sauce tomate

 (...) jambon

 (...) tomates

Qu'est-ce qu'on y mange ?

 7 ❯ Écoute et réponds aux questions.

a. Où mange Julie le midi ?

b. Que mange-t-elle et que boit-elle ?

 8 ❯ Que manges-tu pour le déjeuner ?

Comment ça marche ?

Manger	Boire
Je mang**es**	Je bois
Tu mang**es**	Tu bois
Il/Elle/On mang**e**	Il/Elle/On boit
Nous mang**eons**	Nous b**u**vons
Vous mang**ez**	Vous b**u**vez
Ils/Elles mang**ent**	Ils/Elles boi**vent**

Unité 5

Leçon 2 ❯ Pour être en forme !

Un petit déjeuner énergétique !

 1 ❯ Écoute le dialogue et réponds aux questions.

a. Quel est le petit déjeuner d'Arthur ?

b. Dans quels aliments y a-t-il des vitamines, du calcium, des glucides, des protéines ?

Léa : Tu fais quoi ?

Arthur : Ben… Je me prépare pour la compétition. Un sportif doit bien se nourrir ! Il faut prendre un vrai petit déjeuner ! Bon… je vais manger des tartines, de la confiture et un croissant… Allez… Et… un jus d'orange, j'en bois un tous les matins… pour les vitamines…

Léa : Tu veux des céréales ?

Arthur : Oui, oui, j'en veux, c'est énergétique ! J'ai besoin de boire du lait pour le calcium. Deux œufs pour les protéines…

Léa : C'est pas assez ! Tu devrais manger du jambon.

Arthur : Jamais, je ne mange pas de charcuterie ! C'est mauvais pour la santé ! […]

Léa : Dis donc ! Ça va ?… C'est pas la forme olympique !

Arthur : Euh… Si, si… Ça va, ça va…

1h 30 plus tard …
Alors Duval !? Qu'est-ce que tu fais ?!

 2 ❯ Et toi, que prends-tu pour le petit déjeuner ?

 3 ❯ Commente cette pyramide.

Nous avons besoin de calcium. Il faut manger des produits laitiers à chaque repas !

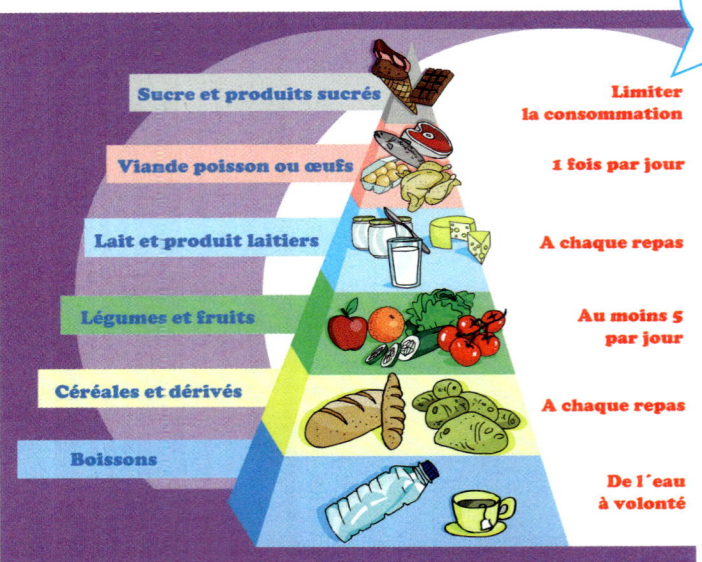

Sucre et produits sucrés	Limiter la consommation
Viande poisson ou œufs	1 fois par jour
Lait et produit laitiers	A chaque repas
Légumes et fruits	Au moins 5 par jour
Céréales et dérivés	A chaque repas
Boissons	De l'eau à volonté

 Des mots pour...

Exprimer le besoin
J'ai besoin de calcium. (nom)
J'ai besoin de boire. (infinitif)

Exprimer la nécessité
Il faut + infinitif
Il faut prendre un petit déjeuner.

4) Observe cette phrase et la phrase de l'encadré *Des mots pour...* Qu'est-ce que tu remarques ?

Je **ne** mange **pas de** charcuterie.

 5) Réponds aux questions.

a. Tu veux de la confiture sur tes tartines ? → Non, (...).

b. Il faut boire du coca au petit déjeuner ? → Non, (...).

c. Tu bois du lait au petit déjeuner ? → Non, (...).

d. Il y a du calcium dans les fruits ? → Non, (...).

Tu en veux ou tu n'en veux pas ?

 6) Lis ces phrases et l'encadré *Comment ça marche ?*

Des céréales, j'**en** veux.
Un jus d'orange, j'**en** bois **un** tous les matins.

 7) Regarde les dessins et trouve l'objet que le pronom *en* remplace dans les phrases.

a.   b.   c.   d.

1. J'**en** prends.
2. J'**en** mange **une**.
3. J'**en** bois **un**.
4. J'**en** mange **deux**.

 8) Remplace le pronom *en* et réécris les phrases dans ton cahier.

 Des mots pour...

Exprimer la négation

de la / du / de l' / des / une / un →
forme négative = **ne ... pas de**

Je **ne** bois **pas de** jus d'orange.

Comment ça marche ?

Le pronom *en*	
Du chocolat **De la** confiture **De l'**eau **Des** tartines	J'**en** veux. / Je **n'en** veux **pas**.
Un jus d'orange **Une** tartine	J'**en** veux **un(e)**. / Je **n'en** veux **pas**.
Deux tartines	J'**en** veux **deux**.

Annexe page 74

 9) Pose des questions à un(e) camarade sur ses habitudes alimentaires.

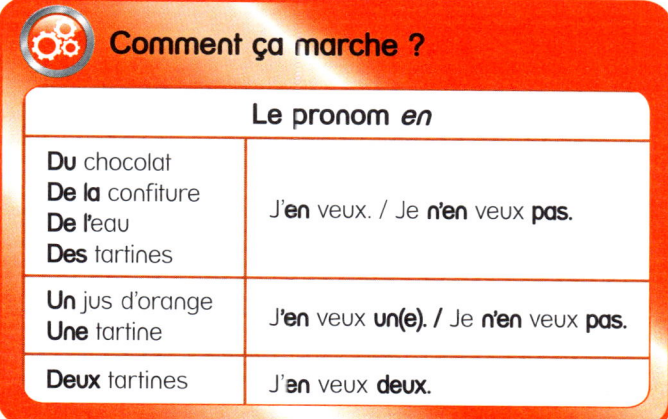

*Oui, j'**en** mets.*

Tu mets du sucre dans ton yaourt ?

Qu'est-ce que tu ne manges jamais ?

*Je **ne** mange **pas de** fromage.*

Au snack

 1 》 Écoute ce dialogue et réponds aux questions.

a. Que commandent Arthur et Julie ?

Carte

Crudités 5,50 euros
Soupe de légumes frites 10 euros
Pizza 6,50 euros
Sandwichs 3,50 euros
Fruits 1,50 euros
Yaourt 1,50 euros

Menu du jour 10 euros
Pizza
Crème au chocolat

Arthur : Bonjour monsieur, je voudrais un sandwich poulet crudités et une limonade.

Julie : Qu'est-ce qu'il y a dans la soupe ?

Le serveur : Des légumes verts…

Julie : Non merci, je ne prends pas de soupe… Je vais prendre le menu. Qu'est-ce qu'il y a dans la pizza ?

Le serveur : C'est une Margarita, sauce tomate et fromage.

Julie : D'accord, j'en veux une.

Le serveur : Et comme boisson ?

Julie : Un jus d'orange.

[…]

Arthur : Ce sandwich est excellent et ta pizza ?

Julie : Elle est froide et trop salée.

b. À ton avis, quels ingrédients faut-il pour faire ces plats ?

c. Comment est le sandwich ? Et la pizza ?

 2 》 Jouez la scène.

Vous êtes au restaurant, vous commandez un plat.

 Des mots pour...

Qualifier la nourriture	
Trop **Pas assez** } salé(e) / sucré(e) / épicé(e) / chaud / froid / amer **(adjectif)**	
C'est excellent / bon / pas mal.	**C'est** écœurant / mauvais.

Des mots pour...

Nommer des ingrédients

de la farine   de l'huile

du sel   des œufs

Cuisinier en herbe

 3) Écoute cette émission sur la cuisine et réponds aux questions.

Léa : Aujourd'hui, nous allons faire des crêpes. Léo, prends la farine et verse-la dans un saladier, s'il te plaît !

Léo : Quelle quantité ?

Léa : Pour 30 crêpes, il faut 500 grammes. Après tu ajoutes 200 grammes de sucre. Le sucre et la farine, mélange-les avec 6 œufs.

Léo : Et après ?

Léa : Tu ajoutes un litre de lait petit à petit. Continue de mélanger.

Léo : Maintenant, on met un peu de beurre dans une poêle et on étale une louche de pâte.

a. Dans ton cahier, relève les quantités et les ingrédients.

b. Mets les images dans l'ordre.

1.    2.    3.    4.    5.

 **Des mots pour...**

Parler des quantités

1 kilo (1 kg) = 1000 grammes (g)
1 litre (1 l) = 100 centilitres (cl)

 4) Transforme comme dans l'exemple.

Mets le beurre dans la poêle. →
Le beurre, *mets-le dans la poêle.*

a. Verse le lait dans le saladier.
b. Ajoute la farine.
c. Mélange six œufs et le sucre.

Comment ça marche ?

**Impératif + pronom COD
(le /la /les)**

La farine, verse-**la** dans le saladier.

Le sucre et la farine, mélange-**les.**

Annexe page 73

 5) Dans ton cahier, écris une recette que tu connais puis échange avec tes camarades.

Les sons [y] *u* / [u] *ou* / [wa] *oi*

 6) Écoute et répète.

 7) Écoute et chante.

 8) Lève le doigt quand tu entends le son [u] *ou.*

 **9)** Écoute et chante.

Quel jour sommes-nous
Nous sommes tous les jours
Mon amie
Nous sommes toute la vie
Mon amour

Paroles de Jacques Prévert

Civilisation › Savoir-vivre

Les repas dans deux pays francophones !

 1 › Lis les textes et réponds aux questions.

a. Comment nomme-t-on les repas en France et au Canada ?

b. Compare les repas en France et au Canada.

Le matin, on prend **un petit déjeuner** avec du thé, du café, du chocolat et des tartines.

À 12 h – 12 h 30, on déjeune. Le menu traditionnel se compose d'une entrée (charcuterie, crudités, etc.), d'un plat (poisson ou viande), de fromage et d'un dessert (gâteaux, glaces, fruits).

Vers 16 heures, les enfants, les adolescents et certains adultes **goûtent**. Ils mangent, par exemple, un yaourt, un fruit, des biscuits.

Entre 20 h et 21 h, on dîne. Le repas du soir doit être plus léger que le petit déjeuner et le déjeuner.

Le matin, on prend **un déjeuner** avec du jus d'orange, des œufs au bacon, des saucisses de porc ou du jambon, des haricots au lard.

À 12 h – 13 h, on dîne. C'est le repas le plus léger de la journée. Le menu traditionnel se compose d'une salade en entrée et d'un plat (assiette de fromages, steak haché et pommes de terre).

Entre 18 h 30 et 19 h, c'est **le souper**. Ce repas est le plus copieux de la journée. On mange des plats en sauce, puis des desserts (gâteau avec sirop d'érable, fruits, etc.).

 2 › Compare avec un repas traditionnel dans ton pays : horaires, ordre des plats, composition du repas, etc.

Une invitation

 3 › Lis les documents. Quelles règles de bonnes manières connais-tu ?

Tu es invité(e) à déjeuner dans une famille française.

• Tu peux apporter :

| des fleurs | du vin | une boîte de chocolat | de la pâtisserie |

- Au début du repas, tu peux dire : **Bon appétit !**
- Tu attends qu'on te serve.
- Tu peux reprendre deux fois d'un plat mais pas plus.
- Tu ne mets pas les coudes sur la table.

- Tu te tiens droit sur ta chaise.
- Les compliments sur la qualité de la cuisine sont appréciés.
- À table, on ne parle pas la bouche pleine.

ch'est chuper bon !

 4 › Compare avec la situation dans ton pays.

PROJET

Faites un livre de recettes. Mettez en commun vos « bonnes » recettes.

Faire les courses

 1 > Où achètes-tu ces aliments ? Imagine le dialogue.

a.  b.  c.  d.

Comprendre une recette

 2 > Écris la recette de la tarte à l'orange.

Tarte à l'orange

Ingrédients :

300 g de farine
150 g de beurre
50 g de sucre
eau
4 oranges

Exprimer le besoin / la nécessité

 3 > Commente ce tableau des aliments et des vitamines.

Commander un repas

 4 > Commande des plats dans ce menu. Imagine le dialogue.

Unité 6

Enquête sur la police scientifique

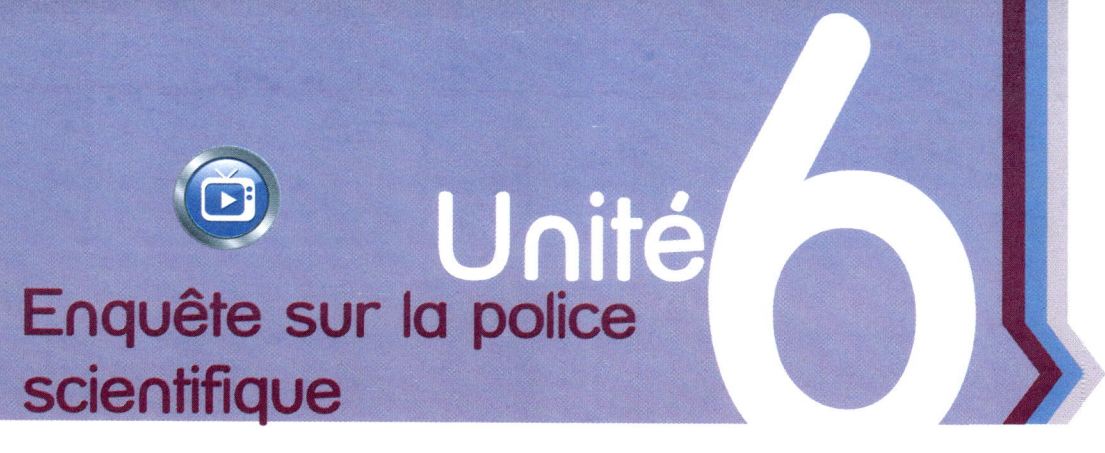

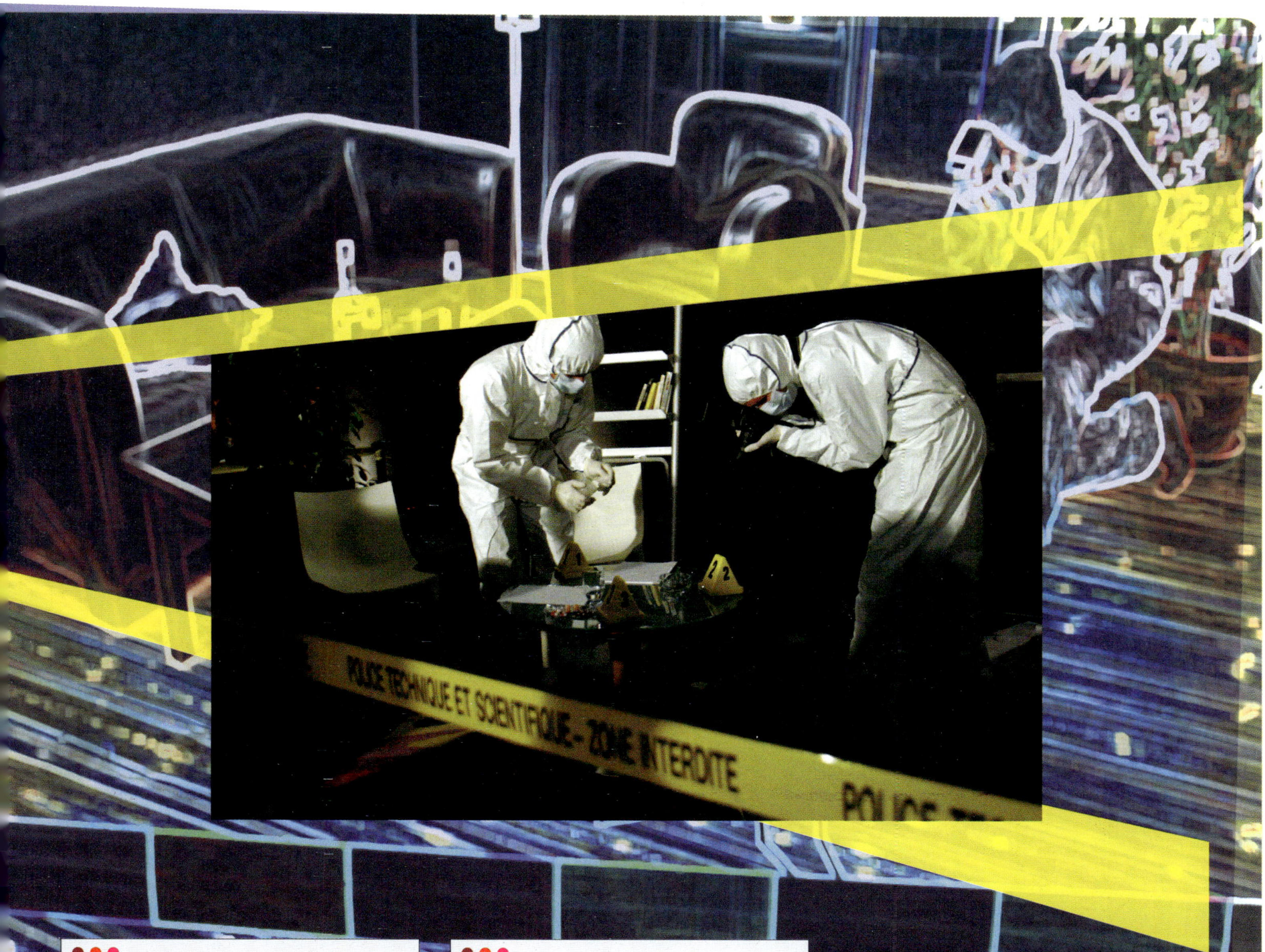

Leçon 1

Un métier pas comme les autres !

- Tu poses des questions.
- Tu exprimes la négation.

Leçon 2

Sur les traces…

- Tu expliques une procédure.
- Tu exprimes la chronologie des événements.

Leçon 3

L'enquête

- Tu donnes des indications.
- Tu racontes un fait divers.

Leçon 1 ❯ Un métier pas comme les autres !

Comme à la télé ?

 1 ❯ Écoute l'interview de ce policier et réponds aux questions.

a. Quelles différences y a-t-il entre les experts et les techniciens ?

b. Quelles différences y a-t-il entre la police scientifique et la police des séries ?

Hugo est stagiaire dans la police scientifique. Il interroge l'inspecteur François Chapon.

Hugo : Est-ce que la police scientifique ressemble aux séries de la télé ?

François Chapon : Ces séries essayent d'imiter les techniques de la police scientifique mais la réalité est différente ! Tout demande plus de temps. Par exemple, il faut au moins six heures pour faire une analyse génétique et on ne peut pas avoir un portrait du coupable en cinq secondes !

Hugo : Qui sont les vrais experts ?

François Chapon : À la télé, les policiers font tout : ils relèvent les indices et font les analyses. Dans la réalité, les experts ne font rien sur le terrain, ils ne sont jamais sur la scène du crime. Ils sont dans les laboratoires. En fait, sur la scène du crime, il y a des techniciens.

Hugo : Est-ce que les séries font connaître votre travail ?

François Chapon : Je n'entends plus « C'est quoi la police scientifique ? ». Maintenant, tout le monde croit connaître notre métier ! Les séries ce n'est pas la vraie vie. Bon… et puis… avec les séries, les jeunes veulent faire notre métier. Attention ! Il n'y a pas de place pour tout le monde !

 2 ❯ À ton avis, que signifie la phrase : *Je n'entends plus : « C'est quoi la police scientifique ? »* ?

- Ce n'est pas possible d'entendre : « C'est quoi la police scientifique ? ».
- J'ai fini d'entendre : « C'est quoi la police scientifique ? ».

 Je **n'**entends **plus**.

ne = *n'* devant une voyelle ou un *h* muet

3) Complète avec *ne ... pas* ou *ne ... plus.*

a. Il ne pleut (...), on peut sortir.

b. Il ne trouve (...) les empreintes du suspect.

c. C'est interdit ! On ne peut (...) entrer !

d. Il a changé de métier, il ne travaille (...) dans la police.

 4) Cherche d'autres négations dans l'interview.

Les bonnes résolutions

 5) Et toi, qu'est-ce que tu ne fais plus ?

Je **ne** parle **plus.**

Je **ne** sors **plus.**

Les occlusives : [p], [t], [d], [b], [k], [g]

 6) Écoute et répète.

a. policier

b. bus

c. débris

d. trace

e. cavalier

f. gare

 7) Écoute et dis dans quel ordre tu entends les mots.

 8) Écoute et chante.

    – Où ? Quand ? Comment ? Qui ?

    – Tu poses trop de questions !

    – Pourquoi ?

tes amis ❶	des amis ❷
dans	temps
bon	pont
poire	boire
panneau	bateau
puce	bus
tout	doux
détail	bétail
bassin	dessin
car	gare
coup	goût
cadeau	gâteau

La scène du crime

1 ▶ Écoute, lis l'interview et réponds aux questions.

a. Que fait la police scientifique sur la scène du crime ?

b. Relie les légendes aux photos.

1. « La scène du crime » est entourée par un cordon.
2. Examen du mort.
3. Photos précises de la scène du crime.
4. Relever des traces visibles et pose d'un cavalier.
5. Relever des traces invisibles (empreintes).

Hugo : S'il vous plaît, qu'est-ce qui se passe ?

François Chapon : On vient de trouver un mort.

Hugo : Que font vos collègues ?

François Chapon : Un médecin est en train d'examiner le mort.

Hugo : Et cette femme ?

François Chapon : Elle dessine la scène du crime.

Hugo : Mais pourquoi ?... Il y a un photographe...

François Chapon : Oui, mais nous préférons avoir des dessins et des photos, c'est plus sûr, tous les détails sont importants !

Hugo : Et cette femme, qu'est-ce qu'elle fait ?

François Chapon : Elle est en train de relever les empreintes.

Hugo : On ne voit rien !

François Chapon : Les empreintes ne sont pas toujours visibles. Quand nous trouvons un indice nous posons un cavalier à côté et nous faisons une photo.

Hugo : C'est quoi un cavalier ?

François Chapon : C'est un panneau avec un numéro.

Hugo : Et après, qu'est-ce que vous allez faire ?

François Chapon : Eh bien... les experts vont analyser les indices au laboratoire.

À quelle heure... ?

 2 ❱ Observe. Tout se passe au même moment ?

| 17 heures | 17 h 30 | Plus tard... |

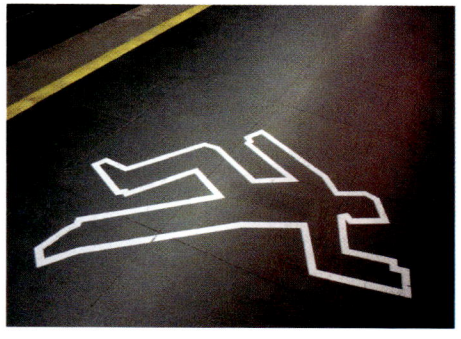

On vient de trouver un mort !
Je suis en train de relever les empreintes.

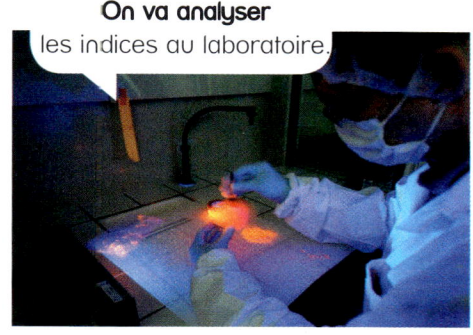

On va analyser les indices au laboratoire.

 3 ❱ Dans ton cahier, situe ces trois temps sur la ligne de temps.

Passé ————————————————— Futur

Présent

 4 ❱ Dans ton cahier, complète le tableau.

Passé récent		Futur proche		Présent progressif	
Je (...)		Je (...)		Je (...)	
Tu (...)		Tu (...)		Tu (...)	
Il/Elle/On **vient**		Il/Elle/On **va**		Il/Elle/On **est**	**en train de**
Nous (...)	**de** trouver...	Nous (...)	**analyser...**	Nous (...)	relever...
Vous (...)		Vous (...)		Vous (...)	
Ils/Elles (...)		Ils/Elles (...)		Ils/Elles (...)	

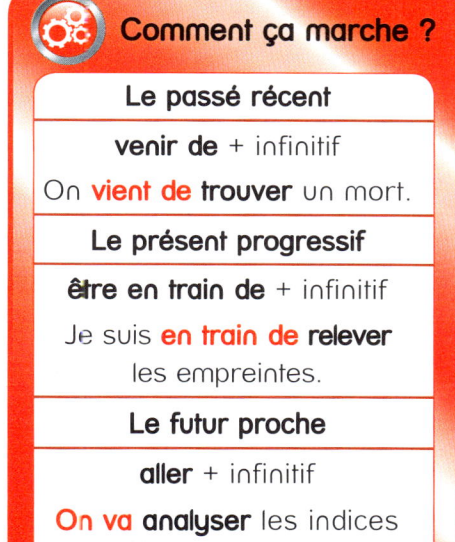

Comment ça marche ?

| Le passé récent |
| **venir de** + infinitif |
| On **vient de** trouver un mort. |
| Le présent progressif |
| **être en train de** + infinitif |
| Je suis **en train de** relever les empreintes. |
| Le futur proche |
| **aller** + infinitif |
| On **va** analyser les indices au laboratoire. |

Annexe page 77

 5 ❱ Écoute et mets les dessins dans l'ordre.

a.

b.

| 1. | 2. | 3. | 1. | 2. | 3. |

Que s'est-il passé ?

 1 ❱ Écoute cette interview, lis les articles de presse et réponds aux questions.

Hier, on a trouvé un homme d'une trentaine

d'années dans la forêt de Fontainebleau.

Il n'y pas de témoins et on n'a pas identifié le corps !

Quand la police est arrivée sur les lieux,

elle a relevé des empreintes et des indices [...]

Hugo : Qu'est-ce que vous avez trouvé ?

François Chapon : Quand nous sommes arrivés, nous avons vu des empreintes de chaussures. L'analyse de ces traces donne des indications précieuses : le poids, la taille et les déplacements du suspect et de la victime. Nous savons qu'ils ne sont pas venus en voiture. Ils sont arrivés à pied. Ils sont montés sur ce rocher, ils s'y sont bagarrés et le suspect est reparti par ce chemin.

Hugo : Vous avez trouvé d'autres indices ?

François Chapon : Nous avons trouvé des cheveux sur la veste de la victime. Il suffit d'un cheveu pour relever l'ADN.

> Le coupable s'est présenté hier au commissariat. C'est un ami de la victime. Ils se sont disputés, puis ils se sont bagarrés et la victime est tombée. Sa tête a heurté un rocher. C'est un accident !

a. Quels sont les indices ?

b. À partir de ces indices, qu'est-ce qu'on sait ?

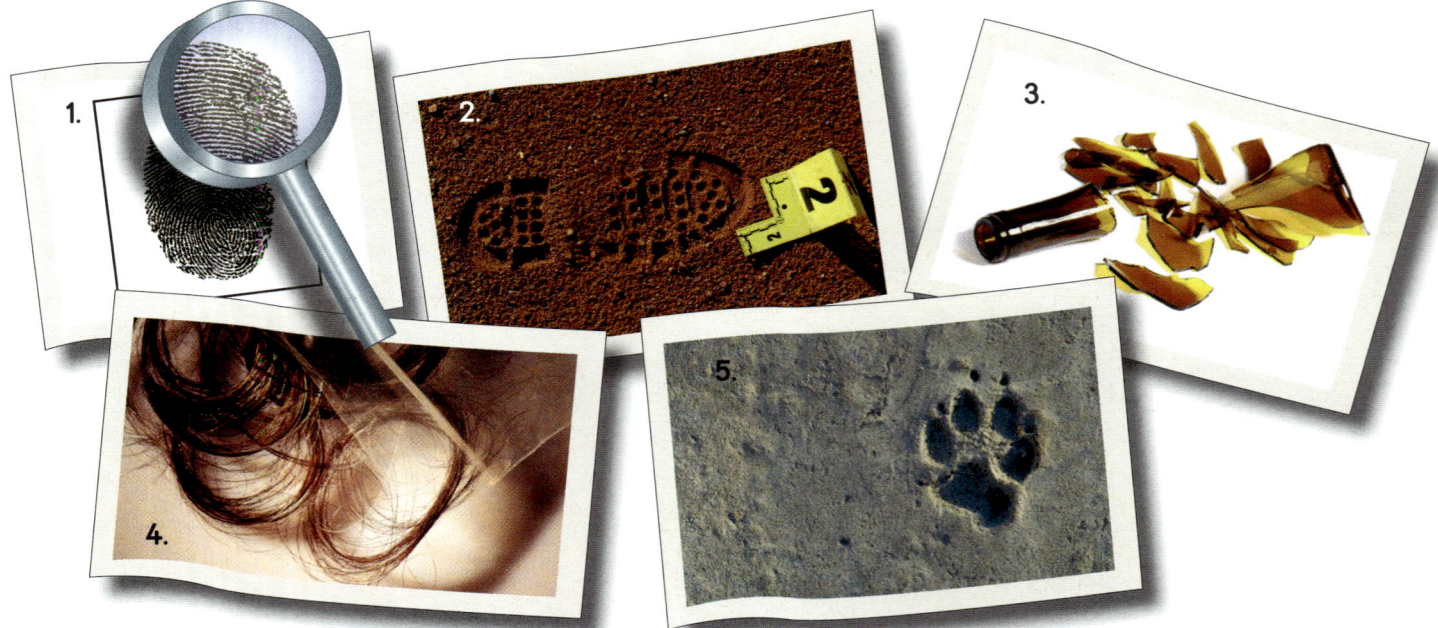

2 › Dans ton cahier, écris ces verbes des textes de l'activité 1 et complète le tableau.

Infinitif	Auxiliaire être / avoir	Participe passé
trouver	On a	trouvé...
(...)	On n'a pas	identifié...
arriver	La police est	(...)
relever	(...)	relevé...
arriver	Nous sommes	(...)
(...)	Nous avons	vu...
venir	(...)	venus...
monter	Ils sont	(...)
(...)	Ils se sont	bagarrés...
repartir	Le suspect est	(...)
(...)	Nous avons	trouvé...
présenter (se)	Le coupable s'est	(...)
disputer (se)	(...)	disputés...
bagarrer (se)	Ils se sont	(...)
tomber	La victime est	(...)
(...)	Sa tête a	heurté...

 Le passé composé

Auxiliaire **être** ou **avoir** + participe passé

On **a** trouvé

Nous sommes arrivé**s**

 3 › Quels verbes se conjuguent avec l'auxiliaire *être* et l'auxiliaire *avoir* ?

Enquêteur en herbe

 4 › Raconte une petite histoire. Tes camarades devinent si c'est vrai ou faux.

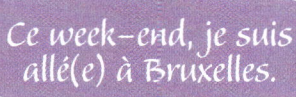
Ce week-end, je suis allé(e) à Bruxelles.

C'est vrai !   *C'est faux !*

 5 › Remets les phrases dans l'ordre.

a. avons / Nous / pas / indices. / n' / d' / trouvé

b. pas / sorties. / ne / elles / Hier / sont

c. ne / Il / bagarré. / s'est / pas

d. ai / vu / n' / l'inspecteur. / Je / pas

 6 › Tes camarades te pose des questions sur ce que tu as fait ce week-end.

Comment ça marche ?

La négation avec le passé composé

Ils **ne** sort **pas** venus.

On **n'**a **pas** identifié la victime.

Annexe page 73

Tu es allé(e) au cinéma ?   *Non, je ne suis pas allé(e) au cinéma.*

Civilisation ❯ Comment travailler dans la police scientifique en France ?

 1 ❯ Lis le texte.

La formation

Les jeunes Français sont de plus en plus nombreux à vouloir travailler dans la police scientifique parce qu'ils regardent et qu'ils adorent les séries américaines comme *Les Experts, NCIS*...

En France, il n'existe pas d'université spécifique ou d'école pour étudier les métiers de la police scientifique. On entre dans le métier avec un bac + 2 (biologie, informatique, technologie...) et on passe un concours. Ensuite, on devient stagiaire pour se former.

 2 ❯ Compare avec la situation dans ton pays.

Les différents métiers dans la police scientifique

Analyser et examiner

Dans les laboratoires de la police scientifique, on fait des analyses de sang, de cheveux, d'empreintes génétiques...
On analyse tous les indices importants pour l'enquête (explosifs, débris divers, stupéfiants, armes, faux documents...).

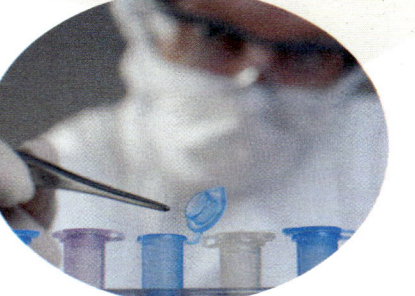

Utiliser la technologie

Dans le service de l'informatique et des traces technologiques, on fait des examens techniques dans les domaines : du son, de l'image, de la téléphonie mobile, de l'électronique et de l'informatique.

Signaler et identifier

Dans le service d'identité judiciaire, on identifie des personnes, on fait des photos, on recherche des traces et des indices sur les lieux d'infraction, on met à jour des fichiers d'empreintes digitales...

● ● ●

PROJET

Inventez puis écrivez une petite histoire policière.

www

 3 ❯ Quelles branches tu préfères ? Pourquoi ?

Poser des questions

 1 › Relie les questions et les réponses.

a. Qui est ce policier ?

b. Est-ce qu'il est venu ?

c. Qu'est-ce qui se passe ?

d. Qu'est-ce qu'elle fait ?

e. C'est quoi ?

f. Vous avez trouvé d'autres indices ?

g. Pourquoi ?

1. Il ne se passe rien.

2. Oui, il est arrivé à 20 heures.

3. Parce qu'elle cherche des indices.

4. C'est François Chapon, il est inspecteur.

5. Oui, nous avons trouvé des empreintes.

6. Elle relève les empreintes.

7. C'est un cavalier.

Raconter la chronologie des événements

 2 › Raconte l'histoire.

a. Une heure avant (– 1 heure)

b. Maintenant

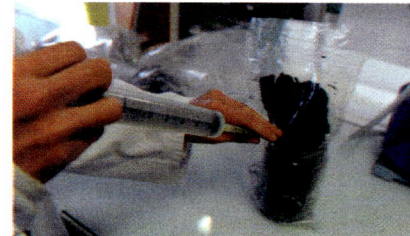

c. 6 heures après (+ 6 heures)

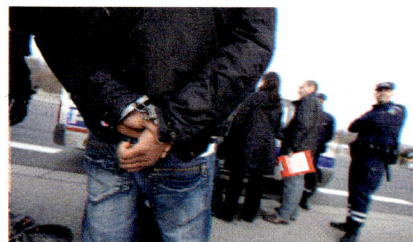

Exprimer la négation

 3 › Complète avec *ne ... pas* ou *ne..... plus*.

a. Il (...) est (...) sur la scène du crime, il est parti.

b. Les experts (...) travaillent (...) sur le terrain.

c. C'est fini, nous (...) regardons (...) les séries.

Raconter un fait divers

 4 › Raconte l'histoire au passé.

a.

b.

c.

d.

Le point sur la grammaire ❯

Le passé composé

 1 ❯ Dans ton cahier, écris les participes passés des verbes suivants :

voir – faire – manger – vouloir – pouvoir – être – avoir – essayer – travailler

 2 ❯ Réécris les phrases avec le sujet proposé.

a. Il est venu. ➜ Elle (...)

b. François est arrivé sur la scène du crime. ➜ Françoise (...)

c. Les policiers ont analysé les cheveux. ➜ Les policières (...)

d. Louis et Hugo ont mangé à la cantine. ➜ Louise et Marie (...)

e. Louis et Hugo sont partis. ➜ Louise et Marie (...)

L'impératif + le pronom COD

 3 ❯ Transforme comme dans l'exemple.

Mélange le beurre et la farine. ➜ *Mélange-les.*

a. Ajoute le sucre.

b. Mets le pull noir.

c. Faisons les photos de la scène du crime.

d. Relève les empreintes.

e. Analysons les indices.

Les partitifs

 4 ❯ Relie puis écris les phrases.

a. Je mange   • du   • poulet.

b. J'aime   • de la   • chocolat.

c. Je bois   • de l'   • eau.

     • le/la/l'   • beurre.

     • confiture.

     • soupe.

     • lait.

La négation

 5 ❯ Mets ces phrases à la forme négative.

a. Tu manges du poulet.

b. Nous buvons de l'eau.

c. Vous aimez la viande.

d. Nous mangeons du poisson.

 6 ❯ Remets les phrases dans l'ordre.

a. n' / police / pas / a / la / le / trouvé / suspect

b. suspect / n' / elle / pas / de / a

c. au / vous / cours / plus / n' / allez

d. mangeons / rien / nous / ne

e. jamais / elle / ne / va / cinéma / au

Le pronom *en*

 7 ❯ Réponds aux questions. Utilise le pronom *en*.

a. Il y a des indices ?

b. Il y a un suspect ?

c. Tu manges de la viande ?

d. Tu bois du coca ?

e. As-tu trouvé une empreinte ?

Grammaire ⟩

Les articles contractés

Les prépositions **à** et **de** se contractent avec les articles **le** et **les**.

Avec la préposition « à »		Avec la préposition « de »	
à + le = **au**	Je joue **au** football.	de + le = **du**	Je fais **du** judo.
à + la = **à la**	Je joue **à la** balle.	de + la = **de la**	Je fais **de la** nctation.
à + l' = **à l'**	Je saute **à l'**élastique.	de + l' = **de l'**	Je fais **de l'**athlétisme.
à + les = **aux**	Je joue **aux** échecs.	de + les = **des**	Je fais **des** travaux manuels.

La localisation

- au centre **de** / au milieu **de**

- derrière

> Je mets la lampe **au centre de** la table, c'est plus joli !

- sous

- à côté **de**

- sur
- devant
- en face **de**
- contre
- au bout **de** / au fond **de**

Les adjectifs démonstratifs

Les adjectifs démonstratifs servent à désigner des objets ou des personnes.

> Maman, regarde **cette** chanteuse.
> Je veux **cette** robe !

	Singulier	Pluriel
Masculin	**ce** pantalon / **cet*** anorak	**ces** bottes
Féminin	**cette** jupe	

* On utilise **cet** devant un nom masculin qui commence par une voyelle ou un h muet.

Grammaire ❯

Les possessifs

Pour utiliser les adjectifs possessifs,
il faut savoir qui est le possesseur.

> Voici **mon** oncle, **ma** tante, **mes** cousins et **leur** chien.

Possesseurs	Masculin singulier	Féminin singulier	Masculin et féminin pluriel
je	**mon** père	**ma** mère **mon** amie (devant voyelle ou h muet)	**mes** parents
tu	**ton** oncle	**ta** tante **ton** amie (devant voyelle ou h muet)	**tes** neveux
il / elle	**son** cousin	**sa** cousine **son** amie (devant voyelle ou h muet)	**ses** cousins
nous	**notre** grand-père	**notre** grand-mère	**nos** grands-parents
vous	**votre** fils	**votre** fille	**vos** enfants
ils / elles	**leur** petit-fils	**leur** petite-fille	**leurs** petits-enfants

Le passé composé

1 ❯ Le passé composé avec l'auxiliaire *avoir.*

Avoir au présent de l'indicatif + **participe passé.**

J'ai	décor**é**	
Tu **as**	décor**é**	
Il / Elle / On **a**	décor**é**	la maison.
Nous **avons**	décor**é**	
Vous **avez**	décor**é**	
Ils / Elles **ont**	décor**é**	

2 ❯ Le passé composé avec l'auxiliaire *être.*

Être au présent de l'incicatif + **participe passé.**

- On utilise l'auxiliaire **être** pour former le passé composé
avec les verbes suivants : *aller, monter, arriver, entrer,
rester, sortir, descendre, partir, venir* et tous les verbes
pronominaux : *se lever, se laver, s'habiller,* etc.
- Avec l'auxiliaire **être,** le participe passé s'accorde en
genre et en nombre avec le sujet du verbe.

Je **suis**	allé / allé**e**	
Tu **es**	allé / allé**e**	
Il / Elle / On **est**	allé / allé**e**	au cinéma.
Nous **sommes**	allé**s** / allé**es**	
Vous **êtes**	allé**s** / allé**es**	
Ils / Elles **sont**	allé**s** / allé**es**	

3) Le participe passé.

- Pour les verbes en **-er → é**
  all**é**, mont**é**, arriv**é**, mang**é**...

- Autres participes passés :
  venir → **venu** / sorti → **sorti**
  faire → **fait** / mettre → **mis** / prendre → **pris**

4) Passé composé et négation.

sujet	ne	auxiliaire	pas	participe passé
Ils	ne	sont	pas	venus.

Les pronoms compléments d'objet direct

- Pour ne pas répéter un mot COD, on utilise un pronom : *le, la* ou *les*.

	Singulier	Pluriel
Masculin	le	les
Féminin	la	

- Avec un temps de l'indicatif, le pronom se place devant le verbe.

– Tu connais <u>Julie</u> ?
– Oui, je **la** connais.
– Tu aimes <u>ton pantalon rouge</u> ?
– Oui, je **l'**adore.

– Tu achètes <u>ces vêtements</u> ?
– Oui, je **les** prends.
– Tu regardes <u>le film</u> à la télé ?
– Non je ne **le** regarde pas.

- Avec l'impératif affirmatif, le pronom se place derrière le verbe.

– Qu'est-ce que je fais avec <u>la farine</u> ?
– Verse-**la** dans le saladier.

– Et avec <u>les œufs</u> ?
– Mélange-**les** avec la farine.

Les partitifs

- On emploie les articles partitifs *du, de la, de l'* pour exprimer une quantité indéterminée.

Masculin	Féminin
du chocolat	**de la** glace

de l'eau (*de l'* devant une voyelle ou un h muet).

- À la forme négative, on remplace le partitif (*de la, de l', du*) et l'article *des* par **de**.

Alors tu manges quoi ?

Je **ne** mange **pas de** viande, **pas de** poisson, **pas de** légumes.

Des gâteaux, du chocolat, de la glace.

Grammaire ❯

Le pronom *en* et le pronom *y*

- Le pronom **en** s'utilise pour remplacer un complément exprimant une quantité.

–Tu veux **des** frites ?
– Oui, j'**en** veux.

– Tu manges **de la** viande ?
– Oui, j'**en** mange.

– Combien de sucres tu mets dans ton thé ?
– J'**en** mets deux.

- Le pronom **y** remplace un lieu (où on va, où on est).

– Tu vas au cinéma ?
– Oui, j'**y** vais.

La négation

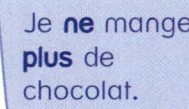

L'interrogation

1 ❭ Avec inversion du sujet.

- L'interrogation avec inversion du sujet (sujet après le verbe) s'utilise surtout à l'écrit ou dans un registre de langue soutenu.

  Ranges-tu ta chambre **?**

- Entre deux voyelles on met **-t-**.

  Il aime écouter de la musique ? → Aim**e-t-il** écouter de la musique ?
  Il y a un bureau dans ta chambre ? → Y **a-t-il** un bureau dans ta chambre ?

2 ❱ Les mots interrogatifs.

- **Qui** est cette fille blonde ? → C'est ma sœur.
- **Que** veux-tu manger ? → Je veux des frites.
- **Qu'est-ce que** tu veux boire ? → Un coca.
- **Quand** vient-il ? → Il vient demain.
- **Où** vous habitez ? → À Nice.
- **Comment** tu vas ? → Ça va bien, merci !
- **Combien** coûte ce pull ? → 20 euros.
- **Est-ce que** tu viens à la fête de Lucie ? → Oui, je viens.
- **Pourquoi** tu es en colère ? → **Parce que** tu es en retard.
- **Quel** âge tu as ? → 15 ans.
- **Quelle** est ton adresse ? → 1, rue de la Roquette.
- **Quels** sont tes loisirs ? → Je fais du judo.
- **Quelles** matières tu préfères ? → Le français.

Le comparatif

(-) **moins**			Ce pull est **moins** cher **que** ce blouson.
(=) **aussi**	adjectif	**que**	Ce chapeau est **aussi** cher **que** cette casquette.
(+) **plus**			Ce blouson est **plus** cher **que** ce gilet.

L'impératif négatif

ne/n' + verbe à l'impératif + **pas**

N'attends **pas** !
Ne venez **pas** !

Conjugaison ❯

Le présent

Être	Avoir
je **suis**	j'**ai**
tu **es**	tu **as**
il/elle/on **est**	il/elle/on **a**
nous **sommes**	nous av**ons**
vous **êtes**	vous av**ez**
ils/elles **sont**	ils/elles **ont**

Jouer	Choisir
je jou**e**	je chois**is**
tu jou**es**	tu chois**is**
il/elle/on jou**e**	il/elle/on chois**it**
nous jou**ons**	nous choisi**ssons**
vous jou**ez**	vous choisi**ssez**
ils/elles jou**ent**	ils/elles choisi**ssent**

- Les verbes en **-er** se conjugue comme *jouer*

- Autres verbes qui se conjuguent comme *choisir* : **finir, grandir, vieillir, rôtir**

Aller	Venir	Faire
je **vais**	je **viens**	je fai**s**
tu **vas**	tu **viens**	tu fai**s**
il/elle/on **va**	il/elle/on **vient**	il/elle/on fait
nous all**ons**	nous ven**ons**	nous **faisons**
vous all**ez**	vous ven**ez**	vous **faites**
ils/elles **vont**	ils/elles **viennent**	ils/elles **font**

Vouloir	Devoir	Pouvoir	Savoir
je **veux**	je **dois**	je **peux**	je **sais**
tu **veux**	tu **dois**	tu **peux**	tu **sais**
il/elle/on **veut**	il/elle/on **doit**	il/elle/on **peut**	il/elle/on **sait**
nous voul**ons**	nous dev**ons**	nous pouv**ons**	nous sav**ons**
vous voul**ez**	vous dev**ez**	vous pouv**ez**	vous sav**ez**
ils/elles **veulent**	ils/elles **doivent**	ils/elles **peuvent**	ils/elles sav**ent**

Les verbes pronominaux

Se lever	Se laver	S'habiller
je **me** lève	je **me** lave	je **m'**habille*
tu **te** lèves	tu **te** laves	tu **t'**habilles*
il/elle/on **se** lève	il/elle/on **se** lave	il/elle/on **s'**habille*
nous **nous** levons	nous **nous** lavons	nous **nous** habillons
vous **vous** levez	vous **vous** lavez	vous **vous** habillez
ils/elles **se** lèvent	ils/elles **se** lavent	ils/elles **s'**habillent*

*m' – t' – s'
devant une voyelle
ou un *h* muet

Le passé composé

Cas général	Avec les verbes : *aller – monter – arriver – entrer – rester – sortir – descendre – partir – venir* et tous les verbes pronominaux : *se lever, se laver, s'habiller…*
Avoir (au présent) + participe passé	**Être (au présent) + participe passé**
j'**ai** jou**é** tu **as** jou**é** il/elle/on **a** jou**é** nous **avons** jou**é** vous **avez** jou**é** ils/elles **ont** jou**é**	je **suis** all**é(e)** tu **es** all**é(e)** il/elle **est** all**é(e)** nous **sommes** all**é(e)s** vous **êtes** all**é(e)s** ils/elles **sont** all**é(e)s**

L'impératif

Regarder
Regarde !
Regardons ! Regardez !

Le futur proche

Aller + infinitif	
je vais	aller
tu vas	aller
il/elle/on va	aller
nous allons	aller
vous allez	aller
ils/elles vont	aller

Le présent progressif

Être en train de/d' + infinitif	
je suis **en train de**	jouer
tu es **en train de**	jouer
il/elle/on est **en train de**	jouer
nous sommes **en train de**	jouer
vous êtes **en train de**	jouer
ils/elles sont **en train de**	jouer

Quelques verbes irréguliers au passé composé

avoir	j'ai eu
être	j'ai été
devoir	j'ai dû
dire	j'ai dit
faire	j'ai fait
mettre	j'ai mis
partir	je suis parti(e)
prendre	j'ai pris
pouvoir	j'ai pu
savoir	j'ai su
sortir	je suis sorti(e)
venir	je suis venu(e)
voir	j'ai vu
vouloir	j'ai voulu

Le passé récent

Venir + de/d' + infinitif	
je viens	**d'**aller
tu viens	**d'**aller
il/elle/on vient	**d'**aller
nous venons	**d'**aller
vous venez	**d'**aller
ils/elles viennent	**d'**aller

Communication ❯

Exprimer ses goûts

L'atelier d'artisanat	m'intéresse parce que	+++++ j'adore ++++ j'aime beaucoup +++ j'aime assez ++ j'aime bien + j'aime un peu	les travaux manuels.
Le dessin	**ne** m'intéresse **pas** parce que	– je n'aime pas beaucoup – – je n'aime pas – – – je n'aime pas du tout – – – – je déteste	les arts plastiques.

Interdire / exprimer une obligation.

Il **est interdit de** fumer.
On **ne peut pas** fumer.
On **ne doit pas** fumer.
Il **ne faut pas** fumer.

Il **est interdit de** manger.
On **ne peut pas** manger.
On **ne doit pas** manger.
Il **ne faut pas** manger.

Il **est interdit de** téléphoner.
On **ne peut pas** téléphoner.
On **ne doit pas** téléphoner.
Il **ne faut pas** téléphoner.

Exprimer une connaissance

- Je **sais** *faire* du vélo.

Exprimer la volonté

- Je **veux** *faire* du vélo.

Accepter ou refuser une proposition

- – Tu viens au cinéma ?
  – Non, merci, je n'ai pas envie.

- – Tu as envie d'aller au cinéma ?
  – Oui, j'ai envie.

- – Tu ne veux pas venir au cinéma ?
  – Si, je veux bien.

- – Tu n'as pas envie de venir au cinéma.
  – Si, j'ai envie de venir.

Donner son appréciation sur une tenue

- C'est super bien... classe... branché*... !
  C'est confortable... pratique... élégant... !
  C'est pas mal !
  J'adore !

- C'est affreux... démodé... ringard*... !

Donner des conseils

- **Tu devrais** mettre/porter une jupe longue à rayures.

Qualifier la nourriture

C'est **trop** + adjectif	C'est excellent... bon... pas mal / écœurant... mauvais.	
C'est pas assez + adjectif	**C'est trop** **C'est pas assez**	} salé(e)... sucré(e)... épicé(e)... chaud / froid... amer

Exprimer la nécessité

J'ai Tu as Il/Elle/On a Nous avons Vous avez Ils/Elles ont	**besoin de/d'**	vitamines. protéines. prendre un bon petit déjeuner.

Demander et donner sa taille et sa pointure

- – Quelle taille tu fais ?
  – Je fais du 38.

- – Quelle est ta pointure ?
  – Je fais du 41.

Demander et donner un prix

- – Ça coûte combien ?
  – C'est 10 euros.

- – Combien coûte ce blouson ?
  – C'est 50 euros.

Expliquer le fonctionnement

- Comment ça marche ?... Ça sert à quoi ?
- C'est utile pour... Ça sert à ouvrir les bouteilles.
- Il faut appuyer sur le bouton.

Comparer

- Ce pull est moins cher que ce blouson.
- Ce chapeau est aussi cher que cette casquette.
- Ce portable est plus cher que ce jeu vidéo.

Les nombres

100	cent
500	cinq cents
1 000	mille
5 000	cinq mille
10 000	dix mil e
50 000	cinquante mille
100 000	cent mille
500 000	cinq cent mille
1 000 000	un million

Décrire sa chambre

- « Ma chambre est **au fond du** couloir. Le lit est **contre** le mur, en **face de** l'armoire. Le bureau est **sous** la fenêtre. Il y a un fauteuil et une table basse **au centre de** ma chambre. »

Commander au snack

Bonjour, je voudrais une pizza.

Et comme boisson ?

Un coca.

Qu'est-ce qu'il y a dans la soupe de légumes ?

Des légumes verts.

D'accord, j'en prends une.

Crédits photos

Couverture Fotolia/Thomas Perkins

P 6 hd Fotolia/Lisa F. Young, mg Getty Images/Alvarez, m AFP/Sakutin, md Getty Images/ Gavan, bd Fedephoto/Myr Muratet,

P 7 Fotolia/Torms/Web Buttons Inc/Moonrun/ Kosmider/Bouvier/Onidji/Euthymia/ Unclesam/Photlook,

P 10 ht « Les valeurs de la famille Addams »/ Paramount/Prod DB/DR, bas Fedephoto/ Thiercelin,

P 11 hg Godong/Lissac, hm Picturetank/ Garault, hd Picturetank/Lecomte, mg REA/Decout, bg Andia/Bigot, bd REA/ Report Digital/Box,

P 12 hg Corbis/Mendel, mg Fotolia/Tomfry, bg Warhammer/DR, m REA/Jans, mb Corbis/Quail, hd REA/Imagesource, md REA/LAIF/Barth, bd Fotolia/Gavin,

P 13 hg Corbis/Ocean, bg Getty Images/ Dadswell, hm Photononstop/Denkou Images/T., bm Fotolia/Pouzet, hd REA/ Report Digital/Box, bd Getty Images,

P 18 g Fotolia/Whiteside, d Fotolia/Blazic,

P19 ht Getty Images/Yagi Studio, bas Fotolia/ Asbury,

P 20 g Hemis/Pierre Jacques, m Getty Images/ Truglia, d REA/Bessard,

P 21 Fotolia/Alma Sacra,

P 22 1 Fotolia/Runzelkorn, 2 Plainpicture/ Zimmermann, 3 Agefotostock/Idreamstock, 4 Plainpicture/Verbrugge, 5 Hemis/ Imagesource, 6 Plainpicture/Dragulin, 7 Fotolia/Zagorodnaya,a, b, c, d, e DR,

P 25 g Hemis/Imagesource, m Fotoli/Olly, d Photononstop/Bridge/Wartenberg

P 26 1 Picturetank/Meyer, 2 Hemis/ Imagesource, 3 Plainpicture/Apply Pictures, 4 Fotolia/Kyrychenko,

P 28 g Plainpicture/Gorilla, d Plainpicture/ Design Pics,

P 29 hg Picturetank/Transit/Brunet, bg Plainpicture/Scanpix, mg Fotolia/Monkey Business, md Plainpicture/Schuster, d Plainpicture/Klein,

P 30 hg Getty Images/Gilbet, mg REA/Report Digital/Box, md Fotolia/Vaci, d REA/ Decout,

P 31 hg Andia/Belpress/Turpin, hd Andia/Le Druillenec, bg Photononstop/de Gueltzl, bd Photononstop/ Jacket,

P 32 hg Fotolia/Zastol'skiy, hd Istock/ CWLawrence, bg Photononstop/Tips/ Lucas Invernizzi tettoni, bd Fotolia/ Kurbatov,

P 34 g Fotolia/Davis, d Andia/Alpaca/Brisbois,

P38 ht Photononstop/Abad, bg Photononstop// Jacket, bd CIT'Images/Nicolas,

P 39 Fedephoto/van der Stegen,

P 41 Photononstop/Onoky/Broze,

P 43 g Fotolia/Osadchi, mg Fotolia/Diant, md Droits réservés, d Fotolia/Thenard,

P 44 bg Fotolia/Stoksnapper, bmg Fotolia/ Hofmann, bm Fotolia/ Wolfel, hm Fotolia/Sharma, hd Fotolia/Babimu/ Biyahmadine, bd Fotolia/Photlook,

P 45 g Fotolia/MurielleD, m Sony, d Shutterstock/KoKiChs,

P 48 hg ISEG/Nantes, bg Fotolia/NiDerLander, m Fotolia/Barthe, bm Caro/Aufschlager, bd Fotolia/Mangostock,

P 49 haut gauche a Fotolia/ Kira Nova, b Fotolia/ Styleuneed, haut droite a Blackberry/DR,b Fotolia/Kulik, milieu a Fotolia/ Hall, b Fotolia/Roy, c Fotolia/ Romman, bg Andia/Alpaca/Rambaud, bm Fotolia/Karam Miri,

P51 hg Signature/Levillain, bd Signature/ Voyeux,

P 52 hg Photononstop/Barnes, mg CIT'Images/ Joubert, bg Photononstop/ Le Bot, hd et milieu Hemis/Moirenc, md Epicureans/ Garnier, bd Photononstop/Bognar,

P 53 ht Fotolia/Ozdag, mg Istock/ Stezelberger, md Fotolia/Dragon, mbg Fotolia/Bonn, mbd Fotolia/ Robynmac, bas Fotolia/Margouillat Photo,

P56 hg Istock/Kcline, hm Istock/Ac_ bnphotos, hd Istock/Chaban, mg Fotolia/FOOD-micro, mm Fotolia/ Hooks, md Fotolia/Faure, bd Getty Images/Fowlks,

P 57 Fotolia/Ingrid,

P 58 hg Getty Images/Eckert, hd Getty Images/ Latham,

P 60 hg Fotolia/Friedberg, hmg Fotolia/ Artlux, hmd Andia/Belpress/Clement, hd Fotolia/ Nimbus, bd Getty Images/ DAJ,

P 61 fond Getty Images/Benson, REA/ Rolle,

P62 g REA/Ludovic, d CBS Prod./TF1 Video/DR,

P 64 a Cosmos/SPL/Varney, b AFP/ Ksiazek, c Getty Images News/ Johnston, d Getty Images/Benson, e Getty Images/Bravobravo,

P 65 g Istock/Oktobernight, m Ludovic Daim, d MaxPPP/Photopqr/Voix du Nord/Rosereau,

P 66 ht Fotolia/Calvo, 1 Fotolia/ Pro Web Design, 2 Istock/Eddiesimages, 3 Fotolia/Raven, 4 Istock/Ferrantraite, 5 Istock/Kuzma,

P 68 ht LookatSciences/Matteis, hd AFP/ Muhly, bg Signatures/Erome, m Corbis/Brookes, md Getty Images/ The India Today Group,

P 69 g Phanie/SPL/Rapson, m MaxPPP/ Photopqr/La dépêche du Midi/ Labonnen , d MaxPPP/Huynh-Minh,

Imprimè en Italie par

LA TIPOGRAFICA VARESE
Società per Azioni
Varese
N° d'éditeur : 10196761 - Mai 2013